Sizilien

Von Gisela Buddée

Inhalt

*Im siebten Himmel – glückliche Braut an
der Fontana Pretoria in Palermo*

Bikini-Mädchen in der Villa Casale

Prozession für Sant'Agata in Catania

Inhalt

Barockes Detail – San Giorgio in Ragusa

Warten auf Touristen – buntes Pferdegespann mit sizilianischem ›Carretto‹ in Monreale

Dies und Das

Pupi – sizilianische Ritter-Marionetten

Sizilien aktuell A bis Z

Leben wie Gott in Taormina:
San Domenico Palace Hotel

Trinacria – wundersames Geschenk der Götter

Sizilien (Sicilia) – nah ist diese Insel, doch zugleich fremd und immer widersprüchlich. Von den Griechen wurde sie Trinacria genannt, die Dreieckige. Sie ist die größte Insel des Mittelmeers und liegt mit ihren drei Kaps wie ein eckiger Ball vor dem italienischen Stiefel. Trinacria – das antike Emblem mit drei laufenden Beinen und dem schlangenhaarigen Haupt der **Medusa** – hat heute noch Bedeutung, nicht nur als Souvenir. In der Antike schützten Tonreliefs mit dem Haupt der **Medusa**, bei deren Anblick die Feinde versteinerten, die *Tempel* Siziliens. Ähnlich angsteinflößend gebärdet sich heute noch der **Ätna**, zugleich als größter aktiver Vulkan Europas gefürchtet und von den Sizilianern liebevoll *Mongibello,* ›Berg der Berge‹, genannt.

Augen-Blicke und Schnappschüsse

Dem Urlauber bietet sich Sizilien in einer Folge von Bildern dar, die von faszinierenden Kontrasten, von bewegender Schönheit und unvermittelter Härte geprägt sind.

Verspielte Barockkuppeln sitzen in **Ragusa** wie leichte Kronen auf wuchtigen Felsen. Bei Piazza Armerina staunen Besucher der **Villa Romana del Casale** über die Bilderfülle spätantiker Mosaiken. An Sommerabenden erwachen in **Acireale** die kindergroßen Pupi, die sizilianischen Marionetten, zu kämpferischem Leben. Über kleinen Sandbuchten am **Capo San Vito** weht der Duft frischer Tintenfische aus winzigen Strandrestaurants. Mit ernsten Gesichtern schieben Menschen in **Palermo** schwere Prozessionswagen zu Ehren ihrer Schutzheiligen Santa Rosalia durch die Straßen. In **Taormina** rührt der Ausblick von den Rängen des griechischen Theaters auf den schneebedeckten Ätna zu dichterischen Gedanken.

Zwischen mächtigen Tempelsäulen in **Segesta** verlieren Menschen sich in einer weiten, nach Thymian duftenden Landschaft. An der Küste bei **Aci Castello** tanzt die sizilianische Jugend in einer riesigen Freiluftdiskothek unter Palmen. Wissenschaftler aus aller Welt reden sich im mittelalterlichen Bergstädtchen **Erice** bei kühlem Inselwein die Köpfe heiß.

Oben: *Bunt bemalte Kutschen waren die Festtagswagen sizilianischer Bauern*

Rechts: *Eine Landschaft wie aus dem Reisekatalog – die Küste bei Taormina*

Rechts oben: *Romantisches Palermo – Abendstimmung an der Fontana Pretoria im Herzen der Altstadt*

Landschaftskompositionen

Eine Sizilienreise ist eine unaufhörliche Wanderung durch die Zeitgeschichte – von der Antike bis in die Gegenwart und durch **Landschaften**, wie sie unterschiedlicher kaum sein können. Wander- und Reitwege ziehen sich durch die **Madonie**, die grüne Gebirgskette im Norden, wo man auf Marder und Murmeltiere trifft und bei Castelbuono auf eine besondere Eschenart, aus der *Manna* gewonnen wird. Und im Winter kann man an den Hängen des Ätna Ski laufen.

Die **Mandelblüte** verzaubert im Februar die Insel, im Frühling verwandeln sich beinah kahle Hänge in ein farbenprächtiges **Blumenmeer**, Orchideen wachsen bei Syrakus und Caltagirone in unvorstellbarer Vielfalt. Im Sommer färben **Getreidefelder** das Landesinnere gelb, nur unterbrochen von *Olivenhainen*, und an der Ostküste leuchten **Zitronen** und **Orangen** durch dichtes

Auftakt

Grün. Der Westen gehört dem **Wein** und den Salinen, deren Salzhügel die Sonne rosa färbt.

Taucherparadiese liegen vor der Insel Ustica bei Palermo, Höhlen und Grotten vor den **Isole Eolie** (Liparischen Inseln), die wie Fantasiebilder der Odyssee aus dem Meer aufsteigen. Wer den Gipfel des **Stromboli** erklommen hat, um den stets feuerspeienden Vulkan zu erleben, wird den Blick über die kalabrische Küste, die Meerenge von Messina und nach Cefalù nicht vergessen.

Gedankensprünge

Sizilien, ein **armes** Land? Verwundert schaut der Fremde in die Auslagen der Juweliere und Modegeschäfte in Palermo, Syrakus oder Catania. – Das Unwesen der **Mafia**? Aus Sicht der Besucher blüht es im Verborgenen, für die Sizilianer ist es grausame Realität. – **Heißblütige** Sizilianer, überschäumende Lebensfreude? Mit Erstaunen registriert der Reisende jene sizilianische Grundstimmung, die

Oben: *Bella figura! Griechische Statue aus dem Museo G. Whitaker von Mozia*

Unten: *Ein romantisches Sinnbild der Liebe – Mosaik aus der Villa Romana del Casale*

Rechts oben: *Genuss im Anblick des Hera-Tempels – selbst Schafe wissen das antike Selinunt zu schätzen*

Rechts Mitte: *Hochzeit auf Sizilianisch – Barockkirchen wie San Giovanni in Modica bieten den festlichen Rahmen*

Rechts unten: *Es dampft und brodelt – auf Stromboli gibt die Natur täglich aufs Neue eine faszinierende Vorstellung*

eine charmante Kombination aus Freundlichkeit, Stolz und Melancholie bildet, jedoch im Kreis von Familie und Freunden in eine fröhliche Oper des Wohlbefindens

umschlägt. – Und die **Rückständigkeit** Siziliens? Sicher sitzen in manchen Dörfern die Männer abends immer noch gemeinsam auf der Piazza, als gäbe es keine Frauen und keine Emanzipation. In den Städten und den vom Tourismus ›reformierten‹ Küstenorten jedoch hat die Jugend längst die Lebensformen des modernen Europa und Amerika adaptiert.

Im Labyrinth der Vergangenheit

Spielball seiner zahlreichen Eroberer war Sizilien immer. In der unglaublich reichen **Literaturgeschichte** sind Glanz und Last der Vergangenheit so präsent wie die Probleme der Gegenwart. **Luigi Pirandello**, der Dichter aus Agrigent, stellte in seinen Werken Wahrnehmung und Wirklichkeit in Frage. **Giuseppe Tomasi di Lampedusa** schilderte Tragik und Hoffnungslosigkeit im Kampf um den Erhalt einer veralteten Gesellschafts-

ordnung. **Giovanni Verga** widmete sich in Dorfgeschichten dem Schicksal der Bauern. Mediterrane Leichtigkeit konnten die Gedanken der Dichter unter der sengenden Sonne Siziliens und dem jahrhunderteschweren Joch der Eroberten nicht entwickeln.

Sizilien und seine wechselvolle Geschichte erklären sich aus der **zentralen Lage** im Mittelmeerraum. Die Insel gehört geologisch und geographisch zum italienischen Festland. Ein nur 3 km breiter Grabenbruch, die **Meerenge von Messina**, trennt die Gebirge Nordostsiziliens von Kalabrien. Andererseits liegt die Westküste Siziliens bei Trapani nur 140 km vom antiken Karthago in Afrika entfernt, und Gibraltar ist nicht weiter entfernt als Kairo. Das machte die Insel naturgemäß zur **Drehscheibe** zwischen Okzident und Orient.

Die **Griechen** kolonisierten Sizilien, und sie gründeten *Syrakus*, eine der mächtigsten Städte des Altertums. Im griechischen Theater wohnte einst Euripides den Uraufführungen seiner Stücke bei. In *Agrigent* vermittelt das Tal der Tempel noch heute einen unvergesslichen Eindruck von Macht und Reichtum dieser Siedler.

Die **Römer** fanden in Sizilien die *Kornkammer* ihres Imperiums. Sizilien war ihr Schlüssel zur Weltmacht, doch sie beuteten die Insel und ihre Bewohner gnadenlos aus. Sie bauten Theater und schmückten ihre Landvillen mit kostbaren Mosaiken. Die Hinwendung zum **Christentum** schließlich ist durch die Umwandlung von Tempeln zu Kirchen in Syrakus und Agrigent sowie durch ausgedehnte Katakomben dokumentiert.

Die **Araber** verwandelten die Insel nach ihrer Eroberung in eine blühende Oase. **Palermo**, die neue Hauptstadt, sollte Cordoba an Schönheit und Bagdad an Größe übertreffen.

Als Papst Nikolaus II. befand, die kirchliche Oberhoheit solle nicht länger bei Byzanz liegen, schickte er die Brüder

Roger und Robert Guiscard aus, Sizilien zu erobern. Die **Normannen** verwirklichten fortan eine tolerante Mischkultur, deren unermesslich reiche Kunst in Palermo und Monreale zu erleben ist.

In **Enna**, das auf einer 931 m hohen Felskuppe in der Mitte Siziliens über dem fruchtbaren Hügelland liegt, wurde schon in vorgriechischer Zeit die Göttin der Fruchtbarkeit verehrt. Die griechische **Demeter** hat das Korn zuerst nach Sizilien gebracht. Von Resten ihres Tempels über die Araberfestung bis zum Wohnturm **Friedrichs II.** liegt Geschichte auch hier nah beieinander. Der berühmte Staufer hinterließ auf seiner Heimatinsel

Oben: *Aus einem Guss: Natur und Architektur bilden eine Einheit, wie diese Stadt im Inselinneren dokumentiert*

Unten: *Freizeitvergnügen vor den Toren Palermos – der Jachthafen*

Links oben: *Der große Fang: Die Fischerei gehört zu den wichtigsten Erwerbszweigen*

Links Mitte: *Weit ist der Weg nach Golgatha: Karfreitagsprozession in Monreale*

Links unten: *Flaniervergnügen – an der Fonte Aretusa treffen sich die Syrakusaner*

ausschließlich wuchtige Festungen wie das Castello Ursino in Catania und das Castello Maniace in Syrakus.

400 Jahre unter **spanischer** Herrschaft brachten dann Elend, Unterdrückung, Inquisition – und üppigsten **Barock**, der in der einstigen Hochburg Noto heute dem Verfall preisgegeben ist.

Hinter jeder Kurve – ein Traum

Auch das 20. Jh. hat z. B. mit Industrieanlagen (Schwefel, Erdöl) und öden Hochhausvierteln deutliche Spuren hinterlassen. Es ist aber auch Entscheidendes für die Erhaltung und Wiederherstellung der Kulturschätze geleistet worden.

Sizilien ist seit Jahrhunderten für Kunst- und Kulturfreunde ein wahres **Wunderland**. Damit das so bleibt und der **Tourismus** als Einkommensquelle wächst – auch die sizilianische Wirtschaft wird durch EU-Konkurrenz in Landwirtschaft, Fischerei und bei der Ausbeutung von Bodenschätzen beeinträchtigt –, werden Kirchen, Museen und Ausgrabungsstätten gepflegt, Landschaften unter Naturschutz gestellt und wird das Freizeitangebot erweitert. Und selbst diejenigen Urlauber, die nicht auf den Spuren Goethes reisen, werden ihm zustimmen können: »Italien ohne Sizilien macht kein Bild in der Seele«.

Der Reiseführer

Dieser Band stellt Sizilien mit seinen Sehenswürdigkeiten und Landschaften in *neun Kapiteln* vor. **Übersichtskarten** und **Stadtpläne** erleichtern die Orientierung. Besondere Empfehlungen zu Hotels, Restaurants, Märkten usw. geben die **Top Tipps**. Den Besichtigungspunkten sind **Praktische Hinweise** mit Tourismusbüros sowie Hotel- und Restaurantadressen angefügt. **Sizilien aktuell A bis Z** bietet Nützliches von Informationen vor Reiseantritt über Essen und Trinken bis zu Verkehrsmitteln. Hinzu kommt ein umfassender **Sprachführer**. **Kurzessays** runden den Reiseführer ab.

Vor- und Frühgeschichte

um 6000 v. Chr. Felsmalereien und Ritzzeichnungen in den Addaura-Grotten am Monte Pellegrino (Palermo) und auf der Insel Levanzo (Trapani) zeugen von der frühen Besiedlung Siziliens.

5000 – 3000 v. Chr. Erste befestigte Siedlungen entstehen. Funde noch ungebrannter Keramik dokumentieren die Existenz verschiedener Kulturformen, z. B. der Stentinello-Kultur.

3000 – 1000 v. Chr. Während der Kupfer- und Bronzezeit wandern nacheinander indogermanische Stämme ein: Sikaner, Sikuler und Elymer. Es bestehen rege Handelsbeziehungen mit Mykene und anderen Mittelmeerregionen. Nekropolen bei Pantalica, Thapsos etc. weisen reiche Funde an Keramik, Schmuck und Geräten auf.

um 1000 v. Chr. Die aus dem heutigen Libanon stammenden Phönizier gründen Handelsniederlassungen an Siziliens Küsten, u. a. Motya (Mozia), Panormos (Palermo) und Solus (Solunto).

Griechische Epoche

8./7. Jh. v. Chr. Griechen aus Chalkis (Euböa), Naxos, Korinth etc. besiedeln die Ost- und Südküste Siziliens und gründen Naxos (735), Syrakus (734), Zankle (Messina, 730), Katane (Catania, 729), Akragas (Agrigent, 582). Mit der Bevölkerung im Inselinneren und den Phöniziern an der Westküste wird Handel getrieben. Der Überschuss aus der Landwirtschaft wird nach Griechenland und auch nach Karthago exportiert. Gesandtschaften fahren zu den heimischen Götterfesten, und an den Wettkämpfen in Olympia nehmen selbstverständlich auch sizilianische Griechen teil.

575 v. Chr. Syrakus errichtet als erste Stadt ihrem Gott Apollon einen Tempel.

ab 570 v. Chr. Mit Phalaris von Akragas (570 – 550) beginnt die Zeit der Tyrannen (Alleinherrscher) – eine Blütezeit der sizilianischen Städte. Die fortschreitende Landnahme durch die Griechen fordert Konflikte mit den Phöniziern heraus, unter denen die Karthager allmählich eine Vorrangstellung gewinnen.

480 v. Chr. Kampf um die Vorherrschaft im Mittelmeerraum. In der Schlacht von Himera siegen die sizilianischen Griechen über die Karthager. Bei Salamis werden die Perser von der griechischen Flotte geschlagen.

Zeichen des Wohlstands: griechische Münze aus Syrakus (5. Jh. v. Chr.)

480 – 400 v. Chr. Acht monumentale Tempel entstehen in Akragas. Syrakus entwickelt sich unter Gelon und Hieron I. zu einer bedeutenden Metropole. Die Städte sind Zentren griechischer Kultur und Wissenschaft.

ab 470 v. Chr. Immer wieder werden die Tyrannen von Akragas und Syrakus vorübergehend von demokratischen Regierungen abgelöst.

415 – 413 v. Chr. Athen begibt sich auf eine sizilianische Expedition, um seine Vormachtstellung zu behaupten, wird jedoch im Hafen von Syrakus vernichtend geschlagen.

409 – 405 v. Chr. Die Karthager erobern Selinunt, plündern Akragas und belagern Syrakus.

405 – 367 v. Chr. Unter Dionysios I., der auch die Karthager entmachtet, ist Syrakus eine der größten und mächtigsten Städte der damaligen Welt.

344 – 337 v. Chr. Timoleon von Korinth macht der Tyrannis und Anarchie auf Sizilien vorläufig ein Ende.

Römische Epoche

264 – 241 v. Chr. Erster Punische Krieg. Rom schlägt die Karthager bei Lilybaeum (Marsala). 261 erobern römische

Truppen Akragas, 254 fällt dann Panormos (Palermo) in ihre Hände. Mit Ausnahme von Syrakus, dem Herrschaftsbereich Hierons II., wird Sizilien Provinz des Imperium Romanum.

218 – 201 v. Chr. Zweiter Punischer Krieg. Nach dem Tod Hierons II. verbündet sich Syrakus mit den Karthagern. Die als uneinnehmbar geltende Stadt – die Verteidigungsanlagen hatte Archimedes geplant – wird 212 nach langer Belagerung durch die Römer unter Marcellus erobert und geplündert.

ab 210 v. Chr. Sizilien avanciert mit seinen landwirtschaftlichen Erzeugnissen zur römischen Vorratskammer – verwaltet von römischen Statthaltern. Die neuen Herren schmücken ihre riesigen Landgüter, die Latifundien, mit prächtigen Villen.

135 und 104 v. Chr. Im Ersten und Zweiten Sklavenkrieg rebellieren die Leibeigenen. Die Römer können die Aufstände jeweils erst nach mehreren Jahren niederschlagen.

70 v. Chr. Cicero klagt Gaius Verres, den Statthalter Siziliens, wegen Unterschlagung und Kunstraubes an.

44 n. Chr. In Syrakus gründet der hl. Marcianus die erste christliche Gemeinde des Abendlandes.

3./4. Jh. In Casale bei Piazza Armerina entsteht eine prunkvolle römische Villa mit kostbaren Mosaiken. Anderenorts werden Aquädukte, Theater und Amphitheater errichtet.

440 Ende der Römerzeit. Vandalen fallen unter Geiserich in Sizilien ein, das sie von 468 bis 476 beherrschen.

476 – 535 Herrschaft der Westgoten und anschließend der Ostgoten. Der Adel wandert nach Konstantinopel aus.

Byzantinische Epoche

535 – 827 Sizilien ist byzantinische Provinz und wird zum Stützpunkt gegen Nordafrika. Die Hinwendung zum Christentum manifestiert sich in den zu Kirchen umgestalteten Tempeln. In Tauromenion (Taormina) wird der Isis-Tempel zur Kirche des hl. Pancratius umgestaltet, die Tempel von Segesta und Himera werden von christlichen Gemeinden besucht. Weitläufige Katakomben entstehen in Modica, Syrakus und Palermo.

663 – 668 Der oströmische Kaiser Konstans II. verlegt seine Residenz von Konstantinopel nach Syrakus. Nach der Ermordung des 38-Jährigen erklärt sein Sohn erneut Konstantinopel zur Kapitale.

Arabische Epoche

827–1072 Die arabische Eroberung Siziliens beginnt mit einer Invasion bei Lilybaeum (Marsala). 831 folgt Palermo, 859 Enna und 878 Syrakus. Taormina unterliegt der arabischen Belagerung 902 als letzte Stadt. Die arabische Herrschaft ist milde und tolerant – auch in Bezug auf andere Religionen. Kluge Steuerpolitik führt zu wirtschaftlicher Blüte, die Insel wird in eine landwirtschaftliche Oase verwandelt. In der Hauptstadt Palermo entstehen zahlreiche Moscheen.

1038 Maniakes, Feldherr des byzantinischen Kaisers Michael IV., erobert Syrakus und Umgebung.

Normannisch-staufische Epoche

1060 / 61 Papst Nikolaus II. belehnt die Brüder Roger und Robert Guiscard aus Hauteville (Normandie) nominell mit Süditalien und Sizilien. Doch erst beim dritten Versuch gelingt Roger die Eroberung von Messina.

ab 1072 Die Normannen nehmen Palermo ein, ab 1091 ist ganz Sizilien unter ihrer Herrschaft. Gegen Tributzahlungen erhalten die Bewohner Glaubensfreiheit und innere Autonomie. Roger I. erweitert seine Streitkräfte um moslemische Soldaten und schließt 1075 einen Freund-

Übermächtig: Der Staufer Friedrich II. herrschte nicht nur über Sizilien

schaftsvertrag mit Tunis. Franzosen und Lombarden werden in hohe Verwaltungsämter berufen. Byzantinisch-griechische und arabische Elemente werden in Kultur und Staatsführung integriert, zugleich beginnt eine Rechristianisierung in römisch-katholischer Richtung.

1101–1154 Nach dem Tod Roger I. wird sein Sohn Roger II. Nachfolger – bis 1112 zunächst von seiner Mutter vertreten. Roger II. wird 1130 zum König von Sizilien gekrönt. Seinen Herrschaftsbereich dehnt er auf Unteritalien und Nordafrika aus. Der König macht Palermo zum Zentrum der Wissenschaften, er lässt die Schriften Platons und Euklids übersetzen und fördert die Entstehung eines geographischen Standardwerks. Er selbst beschäftigt sich mit Astronomie und Astrologie. Die Kunst dieser Epoche zeigt byzantinische, vor allem aber starke arabische Einflüsse.

1189 Mit Wilhelm II. stirbt der letzte Normannenkönig (reg. ab 1154). Er hatte den Dom von Monreale errichten und mit einem monumentalen Mosaikzyklus schmücken lassen. Sizilien fällt an Wilhelms Tante Konstanze, Tochter des Normannenkönigs Roger II. und Gemahlin des Staufers Heinrich VI.

1194 Heinrich VI. wird in Palermo zum ersten normannisch-staufischen König auf Sizilien gekrönt, einen Tag später wird sein Sohn Friedrich geboren.

1198 Friedrich II. ist König von Sizilien. 1215 wird er in Aachen zum deutschen König und 1220 in Rom zum Kaiser gekrönt. In den folgenden Jahren hält er sich überwiegend in Apulien auf. Er lenkt von dort aus die Geschicke Siziliens und regiert das Heilige Römische (deutsche) Reich.

1231 Mit dem Liber Augustinus gibt Friedrich II. Sizilien eine Verfassung in lateinischer Sprache, schafft die Leibeigenschaft ab und schreibt die königliche Souveränität fest. Seine Herrschaft wird als Ausdruck göttlichen Willens proklamiert. Während seiner Regierung werden vor allem wuchtige Festungen gebaut – wie Castello Maniace in Syrakus und Castello Ursino in Catania.

1250 Friedrich II. stirbt in Apulien und wird nach eigenem Wunsch im Dom von Palermo beigesetzt.

1258 Friedrichs Sohn Manfred wird König von Sizilien.

Naturgewalt Ätna – der Vulkan macht immer wieder Schlagzeilen

Französische und Spanische Epoche

1266 Nach Manfreds Tod gerät Sizilien unter die Herrschaft der Anjou. Karl I. von Anjou konfisziert die Güter des Adels.

1282 Sizilianische Vesper: Volksaufstand gegen die Franzosenherrschaft. Sizilien wird Lehen des spanischen Hauses Aragon, dessen König Peter III. der Schwiegersohn Manfreds ist. Für die Insel beginnt eine Zeit der Ausbeutung und politischen Unselbstständigkeit.

1302 Nach jahrelangem Krieg zwischen Anjou und Aragon wird der Frieden von Caltabellotta geschlossen. Sizilien bleibt bis 1713 unter der Herrschaft des Hauses Aragon.

1434 In Catania wird die erste Universität Siziliens gegründet.

1487 Einführung der Inquisition. Die Piazza Bologni in Palermo ist Schauplatz der Hinrichtung von ›Ketzern‹, zwangskonvertierten Juden und Mauren.

1516–48 Volksaufstände gegen die spanischen Vizekönige.

1669 Ein schwerer Ätna-Ausbruch zerstört Catania und kostet über 100 000 Menschen das Leben.

1693 Sizilien wird von Dürre und Epidemien, Vulkanausbrüchen und einem großen Erdbeben heimgesucht, das mehrere Städte im Südosten zerstört. Beim Wiederaufbau verwandeln Adel und Kirche Städte wie Noto und Ragusa in Zentren des Barock.

1713–1720 Nach dem Spanischen Erbfolgekrieg gehört Sizilien zum Haus Savoyen.

1720–1735 Die österreichischen Habsburger verwalten die Insel.

1735–1780 Sizilien und Neapel stehen unter der Herrschaft der spanischen Bourbonen. Während die Landbevölkerung zusehends verarmt, pflegen Adel und Großgrundbesitzer einen kostspieligen Lebensstil. Das Volk nimmt seine Rechte selbst in die Hand, Banden und Auftragsmörder setzen sich durch. Die Beamten sind gegen das allgemeine Schweigen, die Omertà, machtlos.

Königreich und Republik

1816 Ferdinand I. führt als ›König beider Sizilien‹ (mit Neapel) ein Unterdrückungsregiment und schlägt 1820/21 Autonomiebestrebungen Siziliens brutal nieder.

1860 Am 11. Mai landet Giuseppe Garibaldi mit seinen ›Mille‹ (Tausend) in Marsala, befreit Sizilien und marschiert auf Rom.

1861 Anschluss Siziliens an das Königreich Italien. Doch unter Vittorio Emanuele II. von Piemont halten die wirtschaftlichen und sozialen Probleme an. Banden erpressen von Bauern Schutzgelder, Großgrundbesitzer kaufen Privatarmeen. Die Mafia geht aus jenen bewaffneten Truppen hervor, die im Auftrag der Großgrundbesitzer Pacht und Abgaben eintreiben. Wichtige Ämter im neuen Regime werden von Mafiosi besetzt.

1908 Ein schweres Erdbeben bei Messina fordert mehr als 84 000 Opfer.

Giuseppe Garibaldi: Er brachte Sizilien im Jahre 1860 die Freiheit

Hinter Gittern: Sizilien hat der Mafia und ihren Bossen längst den Kampf angesagt

1910 Auf Sizilien halten die sozialen Missstände weiter an, ebenso Feudalismus, Wahlmanipulation und Ausbeutung. Vor dem Ausbruch des Ersten Weltkriegs 1914 wandern fast 2 Mio. Sizilianer nach Amerika, Australien und Nordafrika aus. Gleichzeitig werden in Catania, Trapani und Palermo als Zeichen des bürgerlichen Wohlstands Jugendstil-Palazzi errichtet.

1943 Die Landung der Alliierten auf Sizilien am 10. Juli führt zur Entmachtung des Faschisten Mussolini (27. Juli) und schließlich zur Unterzeichnung des Waffenstillstandsabkommens zwischen Italien und den Alliierten (3. Sept.).

1946 Sizilien wird autonome Region der Republik Italien.

1950–1960 Eine Zeit wirtschaftlichen Aufschwungs: Im Süden wird Erdöl entdeckt, in Augusta, Gela und Milazzo entstehen zahlreiche Raffinerien und chemische Fabriken.

1968 Schweres Erdbeben im Belice-Tal.

1972 Die ersten Gastarbeiter aus Deutschland kehren nach Hause zurück. – Straßen und Autobahnen werden gebaut.

1992/93 Ätna-Ausbruch. – Nach der Ermordung der Richter Giovanni Falcone und Paolo Borsellino beginnt der Kampf gegen die Mafia.

2001 Im seit 1968 archäologisch geschützten Tal der Tempel von Agrigent werden illegale Bauten abgerissen. – Ab Mitte Juli ereigenen sich spektakuläre Ausbrüche am Ätna.

2002 Neuerliche verheerende Ausbrüche des Ätna; glühende Lavamassen zerstören die Pinienwälder um Linguaglossa an der Nordostseite des Vulkans.

Blume in der Goldenen Muschel

Zuerst taucht ein gigantischer Berg von unbestimmtem Blaugrau, der **Monte Pellegrino**, über der Bucht von Palermo auf, und beim Näherkommen gewinnt die fast finstere Gestalt Konturen: Helles Licht, vom Kalkstein reflektiert, blendet die Ankömmlinge, färbt den Stein weiter unten golden, und wie Scherenschnitte fallen die Schatten hoher Häuser immer deutlicher an nur scheinbar ferne Wände. Es war am Nachmittag des 2. April 1787, als *Johann Wolfgang von Goethe* auf dem Seeweg nach Palermo kam. Den Zauber des ersten Eindrucks beschrieb er später als »die Reinheit der Konturen, die Weichheit des Ganzen, das Auseinanderweichen der Töne, die Harmonie von Himmel, Meer und Erde«. Sicher ist der Seeweg der schönste Weg nach **Palermo**. Ob und wie schnell der Zauber des ersten Anblicks sich verflüchtigt, liegt an den individuellen Erwartungen der Besucher. Wer in der **Conca d'Oro**, der von Bergen gerahmten ›Goldenen Muschel‹, die Spuren einer der schönsten Städte einer vergangenen Welt sucht, wird sie auch finden. Er wird aber auch eine aufregende Großstadt kennen lernen, in der – meist verflossener – Glanz und Armut nahe beieinander liegen.

1 Palermo

Plan hintere Umschlagklappe

Die sizilianische Metropole, einst Zentrum des normannischen Königreiches, prunkt mit goldglänzenden Mosaiken und bewegtem Barock.

Wie in Watte gepackt dringt der Straßenlärm in die kühlen **Kirchen**, Meisterwerke der Bau- und Kunstgeschichte. Die Cappella Palatina und La Martorana erstrahlen im Gold ihrer Mosaike, San Cataldo mit seinen rosaroten arabischen Kuppeln liegt inmitten eines Märchengartens. In der Cattedrale Maria Santissima Assunta hält man Andacht vor den Königsgräbern der Normannen und Staufer. Das mythologische Sizilien machen Meisterwerke der **Antike** im Archäologischen Museum lebendig.

Natürlich ist Palermo mehr als die Ansammlung seiner Baudenkmäler und Museen, mehr als Prachtstraßen und pittoreske Elendsviertel am Hafen, baufälliger Barock und konservierte Normannenzeit. Da sind **Parkanlagen** wie die Villa Giulia und der Orto Botanico sowie der **Mercato Vucciria**, Palermos ältester Markt, der sich von der Piazza San Domenico bis zum Hafen hinzieht. Und was wäre Palermo ohne seine Bewohner, die – den von Mafiafilmen genährten Vorurteilen zum Trotz – Fremden freundlich und hilfsbereit begegnen?

Geschichte Panormos, All-Hafen, nannten die *Griechen* die phönizische Stadt, die sie vom 5. bis 3. Jh. v. Chr. immer nur für kurze Zeit erobern konnten. Die attraktive Lage – einem Amphitheater gleich öffnet sich eine fast 100 km² große Ebene im Schutz der Berge zum Meer – hatten im 8. Jh. v. Chr. die **Phönizier** zur Gründung einer Stadt namens ›Ziz‹ (Blume) genutzt. Sie befand sich dort, wo heute der Normannenpalast steht.

Bereits im 4. Jh. v. Chr. hatte sich die Stadt bis zu dem heute I Quattro Canti genannten Platz [s. S. 25] ausgedehnt. Bleibende kulturelle und ökonomische Bedeutung erlangte der Seehafen jedoch erst, nachdem die Araber ›Bulirma‹ im Jahr 831 zur Hauptstadt ihres sizilianischen Reiches gemacht hatten. Mit der Einführung von Pflanzen aus ihrer Heimat, Orangen und Zitronen, Maulbeer- und Johannisbrotbaum, Dattelpalmen, Zuckerrohr und Reis, verwandelten sie

Vorhergehende Doppelseite: *Ruinenromantik – die Säulen des Herakles-Tempels von Agrigent im Abendlicht*

die Conca d'Oro in einen grandiosen Garten. Ihre wohl durchdachten Bewässerungssysteme machten den Boden fruchtbar. Schwärmerische Beschreibungen der paradiesischen Schönheit der Stadt – wie die des Geographen Ibn Haukal – sind aus dieser Zeit überliefert.

Auch den **Normannen** muss die Stadt gefallen haben, welche die Brüder **Roger I.** und Robert Guiscard 1072 eroberten. Der Sohn, **Roger II.**, erklärte 1130 Palermo zur Hauptstadt der **Monarchia Sicula**, des normannischen Königreiches, und baute sie aus zu einer der schönsten Städte Europas. Die **Architektur** zeichnete sich durch einen ganz neuen Stil arabisch-normannischer Art aus, in dem sich Fantasie und Dekorationslust der Araber mit romanisch-byzantinischer Strenge verbanden.

Die Normannen behielten die multinationale, tolerante *Gesellschaftsordnung* der Araber bei. Sie übernahmen sogar das **Verwaltungssystem** ihrer Vorgänger. Am Hof waren jüdische, arabische und griechische Wissenschaftler, Künstler, Gelehrte und Beamte wohl angesehen, als *Amtssprachen* Griechisch, Latein und Arabisch gleichwertig.

Sizilianische Vesper

Es ereignete sich am 31. März 1282, doch später wusste keiner genau, wie es angefangen hatte. Es war Ostern, und die Palermitaner zogen zum **Friedhof von S. Spirito**, *ihre Toten zu ehren, und danach zum Volksfest nebenan. Vielleicht hatte ein französischer Offizier im Übermut mit einer schönen Sizilianerin geflirtet, auf jeden Fall hat ihn der künftige Bräutigam erstochen. Der Volkszorn wandte sich gegen die Franzosen, die als Unterdrücker verhasst waren.* **»Moranu li Francisi«** *(Tod den Franzosen) hieß der Schlachtruf, der sich wie ein Lauffeuer über die Insel ausbreitete. Zur Identifzierung der Franzosen bediente man sich eines Sprachtests. Wer das Wort ›Ciciro‹ (Kichererbse) nicht richtig aussprechen konnte, musste sterben. Die Sizilianer richteten ein* **Blutbad** *an. Mehr als 2000 Menschen starben bei diesem ›Freiheitskampf‹, der Sizilien von dem Franzosen-Joch erlöste.*

Hafen und Häusermeer: Blick über Palermo von der höchsten Erhebung der Stadt, dem Monte Pellegrino

Ein Jahrhundert später traten die **Staufer** unter Kaiser Heinrich VI. das Erbe der Normannen an. Mit der Regierungszeit seines Sohnes **Friedrich II.** endete 1250 auch ihre Herrschaft auf Sizilien. Friedrich, der sich meist in Apulien aufhielt, hinterließ in Palermo keine Baudenkmäler. Ihren eigenen Interessen gemäß entwickelte sich die Stadt jedoch zu einem Treffpunkt für Gelehrte, Künstler, Baumeister und Dichter der arabischen, lateinischen und provenzalischen Welt.

Der kurzen Herrschaft der verhassten **Anjou** setzte 1282 die *Sizilianische Vesper* – der Aufstand der Palermitaner gegen die Franzosen – ein Ende. Es folgte eine lange spanische Herrschaft, die fast 400 Kirchen auf der gesamten Insel hinterließ. Doch vor allem Armut, Unterdrückung und Aufstände kennzeichneten die Epoche der Vizekönige.

Gleichwohl wurde im 17./18. Jh. mit luftigem Tuffstein der **Barock** in Kirchen- und Palastbauten gefeiert. Die

Geschnappt: Die Mafia-Bosse gehen harten Zeiten entgegen

Ehrenwerte Gesellschaft

Die Macht des organisierten Verbrechens ist längst nicht mehr auf Sizilien beschränkt, und mafiöse Strukturen werden weltweit registriert. Von den Mafiosi haben Sizilien-Besucher entgegen wildester Fantasien nichts zu befürchten. Taschen- und Autodiebe allerdings treiben in den Großstädten ihr Unwesen, und ihr Primärziel sind unvorsichtige Touristen.

Die **historischen Wurzeln** *der Mafia sind in der Normannenzeit zu suchen, als sich* **Geheimbünde** *zusammenschlossen, um das von Feudalherren ausgebeutete Landvolk mutig (arab.: mû) zu beschützen (arab.: afât). Den Namen* **Mûafât**, *der zu Mafia wurde, behielten jene Bündnisse bei, die im 19. Jh. die Vorrechte* **Landadliger** *schützten, nach der Einigung Italiens 1860 aber wieder zur vermeintlichen Schutzmacht der Bevölkerung mutierten.*

Die **Mussolini-Diktatur** *hatte die Mafia fast beseitigt, aber Amerikanern und Christdemokraten präsentierte sie sich in geschickter Weise als antikommunistische Kraft und erlebte in Zeiten des Wiederaufbaus und des Wirtschaftswunders einen neuen Aufschwung.*

Das Betätigungsfeld der Mafia war seit den Tagen der **Prohibition** *in den USA längst weit über Siziliens Grenzen hinausgegangen. Die amerikanische Cosa Nostra, die Camorra in Neapel und die 'Ndraghnetta in Kalabrien waren nicht weniger ruchlos. Die Geschäfte erwiesen sich als vielseitig, so z.B. Erpressung, Wucher, Prostitution, Immobilien-Spekulation, Drogen- und Waffenhandel.* **Hintermänner** *aus Politik und Justiz machten die ›Ehrenwerte Gesellschaft‹ (Onorata società) scheinbar unschlagbar.*

Inzwischen wird auch auf Sizilien den Mafiabossen und ihren Verbündeten konsequent der Prozess gemacht. Auslöser für massive Proteste der Öffentlichkeit waren schließlich die Morde an den unerschrockenen Richtern **Giovanni Falcone** *und* **Paolo Borsellino** *1992, die der Mafia den Kampf angesagt hatten. Im April 2000 wurden für dieses Verbrechen in einem zweiten Verfahren 29 führende Cosa-Nostra-Mitglieder zu lebenslanger Haft verurteilt. Die Seilschaften der Mafia erzeugen aber seit einigen Jahren nicht nur in der Bevölkerung vermehrt Unmut, sie werden auch juristisch stärker verfolgt – dies ist vor allem an den Verfahren gegen den langjährigen Ministerpräsidenten Giulio Andreotti abzulesen. Er wurde 2003 wegen Mordauftrags an einem Journalisten zu 24 Jahren Haft verurteilt, gleichzeitig läuft noch der Prozess gegen ihn wegen Mafiaverstrickungen.*

Wende vom 19. ins 20. Jh. läutete die kurze Phase des **Jugendstil** ein, ›Stile liberty‹ genannt. Er zeigte sich in Palermo vor allem in verspielten Innendekorationen und Fassadendetails (Via Garzili, Via XII Gennaio, Via Dante).

Hauptstadt ist Palermo heute immer noch – Sitz der *Autonomen Region Sizilien* – und mit etwa 710 000 Einwohnern sogar fünftgrößte Stadt Italiens. In den 60er-Jahren des 20. Jh. stellte die Regierung Geld für die *Sanierung der Altstadt* bereit, das jedoch überwiegend in die Kassen der Mafia floss. Das Erdbeben 1968 zerstörte zudem einen Großteil der Wohnungen im Centro Storico und man zog in die Vorstädte. Seit einigen Jahren wird der historische Stadtkern mit seinen schönen Palazzi dank der Initiative des früheren Antimafiabürgermeisters Leoluca Orlando sorgfältig restauriert.

Besichtigung Das historische Zentrum Palermos sollte man zu Fuß erkunden. Nur dann offenbart sich sein Charakter. Außerdem liegen die wichtigsten Sehenswürdigkeiten nahe beieinander, und Parkplätze sind rar.

Ein **Straßenkreuz** mit einer breiten Querachse zerschneidet das Straßengewirr Palermos in vier Viertel. Hier manifestiert sich ein wesentliches Stück der *Stadtgeschichte*. Die kurzen, bogenförmigen und verwinkelten Straßenzüge der **Altstadt**, oft durch schmale Gassen quer verbunden, gehen auf die *arabische Periode* der Stadt (831–1072) zurück. Im 17. Jh., während der bourbonisch-spanischen Herrschaft, begann man mit einer tiefgreifenden **Neuordnung**, die das historische Zentrum entlang breiter Boulevards nach allen Seiten hin öffnete. Im Mittelpunkt des Straßenkreuzes entstanden **I Quattro Canti**, ein Platz, dessen vier Ecken mit aufwendiger Architektur geschmückt wurden [s. S. 25].

Via Maqueda und **Corso Vittorio Emanuele** heißen die *Hauptverkehrsadern,* die sich hier kreuzen und dort hinführen, wo das Flair der einstigen Weltstadt erhalten blieb. **Cassaro** nennen die Einheimischen den Corso Vittorio Emanuele – nach dem arabischen ›Al Kasr‹ (Schloss) –, denn diese Straße verlief schon damals vom Hafen zum Regierungssitz. **Viale della Libertà** heißt die nördliche Verlängerung der Via Maqueda, eine moderne Prachtstraße mit palmengesäumten Cafés, teuren Boutiquen und Restaurants. Die **Via Roma** ist im

Traditionelles Handwerk: Hier werden die berühmten, Pupi genannten Marionetten hergestellt

19. Jh. als zweite Nord-Süd-Achse für das historische Zentrum entstanden, weitere Boulevards sollten folgen, kamen jedoch nicht zur Ausführung.

Normannische Prachtentfaltung

Der Corso Vittorio Emanuele führt hinauf zum Hügel mit dem Palazzo Reale (Normannenpalast). Die Erhebung bezeichnet das älteste *Siedlungsgebiet* am Rand der späteren Altstadt.

Palazzo Reale mit Cappella Palatina ❶
Ein prunkvolles **Schloss** (Al Kasr) hatten bereits die Araber im 9. Jh. auf dem phönizischen Areal errichtet. Die **Normannen** erweiterten den Bau zum Königspalast. Der hier aufgewachsene Friedrich II. machte den Palazzo Reale später zum Treffpunkt von Gelehrten und Künstlern. Aber dann verfiel die Anlage, und erst die **spanischen Vizekönige** gaben ihr 1555 ein neues Gesicht. Der Palast wurde erneut Herrscherresidenz, heute ist er Sitz der **sizilianischen Regierung**.

Jenseits des palmenbestandenen Gartens *Villa Bonnano* erhebt sich an der *Piazza della Vittoria* die eher abweisende Fassade des Palastes. Aus normannischer Zeit blieb im rechten Abschnitt – als einziger von vier Türmen – die **Torre Pisana** mit ihren schlichten Blendbögen erhalten. Teil der Anlage ist ferner die **Porta Nuova**, ein Triumphtor, das 1583 zur Erinnerung an den Sieg Karls V. in Tunis (1535) errichtet wurde. Die

Außenseite des Tores ist mit Relieffiguren besiegter Mauren geschmückt.

Der Palazzo Reale birgt überdies ein Kleinod arabisch-normannischer Kunst – die **Cappella Palatina** (Mo – Sa 9 – 12, So 9 – 10 Uhr, Tel. 0 91 48 47 00).

Von der Rückseite des Gebäudes an der *Piazza Indipendenza* gelangt man über einen Innenhof und eine Treppe in die Kirche. Sie wurde 1132 – 40 als **Hofkapelle** Rogers II. in den Palastbezirk eingefügt. Im Gegensatz zum nüchternen Äußeren ist der **Innenraum** überwältigend. Im dreischiffigen **Langhaus** tragen Marmorsäulen mit korinthischen Kapitellen arabische Spitzbogen. Fußboden und untere Wandzonen sind mit Marmorintarsien und Porphyr reich geschmückt. Die oberen Wandzonen und Bogen füllen leuchtende Mosaikbilder auf goldenem Grund. Krönender Abschluss ist die hölzerne **Stalaktitendecke**, die aus arabischen Ornamenten und Bildergeschichten dicht gewebt zu sein scheint.

Die ältesten Mosaike (um 1145) befinden sich im erhöht liegenden **Altarraum**, ihre Darstellungen entsprechen der griechisch-byzantinischen Tradition. In der **Kuppel** gruppieren sich acht Engel um das Bild des Christus Pantokrator, des Weltenherrschers. Darunter treten Propheten, Evangelisten und Könige des Alten Testaments auf. In der **Hauptapsis** erscheint noch einmal der Pantokrator. Die **Seitenapsiden** sind dem hl. Andreas (links) und dem hl. Petrus (rechts) geweiht. Die Wandpartien um die **rechte Seitenapsis** zeigen Szenen aus dem Leben Christi – besonders schön ist die ›Geburt‹. Fast alle *Inschriften*, Spruchbänder etc. des Altarraums – bis auf die der im 17./18. Jh. erneuerten Mosaike im unteren Bereich – sind in griechischer Sprache verfasst. Die Mosaike im Langhaus hingegen besitzen lateinische Inschriften.

Der Bildzyklus des **Mittelschiffs** (um 1160; erneuert im 14. Jh.) zeigt chronologisch geordnet die Episoden des *Alten Testaments*. Beginnend mit der ›Erschaffung der Erde‹ an der rechten Wand läuft die obere der zwei Bildfolgen auf die linke Wand über, die untere Bildreihe beginnt wieder an der rechten Wand und endet an der linken mit ›Jakobs Kampf mit dem Engel‹.

Im **rechten Seitenschiff** ist die Lebensgeschichte des Paulus dargestellt, im **linken Seitenschiff** die Vita Petri. An der **Eingangswand** steht – ebenfalls erhöht –

Goldenes Himmelszelt: Weltenherrscher Christus Pantokrator mit seinem Hofstaat der Erzengel in der Kuppel der Cappella Palatina

Zentrum der Macht: Der normannische Königspalast Palazzo Reale ist heute Sitz der autonomen sizilianischen Regierung

der normannische *Königsthron*. Durch seine Positionierung wird deutlich, dass Rogers Selbstdarstellung sich unmittelbar auf den Christus Pantokrator im Altarraum bezog, von dessen Gnaden er seine weltliche Macht ableitete.

Weitere Ausstattungsstücke sind der reich geschmückte **Marmor-Ambo** mit zwei Lesepulten und der **Osterleuchter**, auf dem u. a. Roger II. vor Christus kniend dargestellt ist.

Im oberen Stockwerk des Palastes kann im Rahmen einer Führung durch die *Appartamenti Reali* (Mo/Fr/Sa 9 – 12 Uhr; nicht jedoch an Sitzungstagen des Parlaments) die **Sala di Ruggero** (Saal Rogers) besichtigt werden. Die prächtigen goldgrundigen *Mosaike* zeigen Tierdarstellungen und Jagdmotive inmitten paradiesischer Vegetation. Die Szenen sind jeweils als Spiegelbilder aufeinander bezogen.

TOP TIPP **San Giovanni degli Eremiti** ❷

Vom Palazzo Reale aus sind es nur wenige Schritte zur kleinen säkularisierten Kirche San Giovanni degli Eremiti (Mo – Sa 9 – 19, So/Fei 9 – 13 Uhr) mit ihrem idyllischen Garten. Auffällig sind die fünf roten *Kuppeln*, die sich über dem schmucklosen, kubischen Baukörper

erheben – eine beeindruckende Stilmischung aus arabischen und normannischen Elementen. An dieser Stelle befand sich im 6. Jh. bereits ein Benediktinerkloster, das im 9. Jh. zur **Moschee** umgebaut wurde. Nachdem Roger II. 1132 den heutigen Bau errichten ließ, kam auch der **Kreuzgang** mit von Zwillingssäulen getragenen Spitzbogen hinzu. In der Mitte steht, umgeben von üppigen, duftenden Pflanzen, ein arabischer *Brunnen* – im Islam Symbol für das irdische Paradies.

Zurück geht es nun zur *Piazza San Giovanni Decollato*. Der **Palazzo Sclafani** ❸ wurde um 1330 im sog. *Chiaramonte-Stil* errichtet, einer Mischung aus arabisch-normannischen und gotischen Elementen. Aus der Erbauungszeit ist die elegante **Ostfassade** erhalten. Der Palast wurde später mehrfach umgebaut, er diente lange als Krankenhaus, später als Kaserne und ist heute Sitz der Militärkommandantur.

Cattedrale Maria Santissima Assunta ❹

An der Piazza Cattedrale, die über Jahrhunderte Versammlungsort, Festplatz und Richtstätte Palermos war, erhebt sich der monumentalste Sakralbau der Stadt,

Palermo – Cattedrale Maria Santissima Assunta

Symbiose aus normannischen und arabischen Stilelementen: die kleine Kirche San Giovanni degli Eremiti mit ihrem idyllischen Kreuzgang

die Cattedrale Maria Santissima Assunta (Mo – Sa 7 – 19, So/Fei 8 – 13.30 und 16 – 19 Uhr). Erzbischof Walter of the Mill ließ den Dom 1170 – 85 anstelle einer prächtigen *Moschee* errichten, die wiederum den Platz einer frühchristlichen *Basilika* (6. Jh.) eingenommen hatte.

Die normannische Kathedrale wurde in den folgenden Jahrhunderten mehrfach stilistisch verändert und umgebaut. **Fassade** und Turmaufsätze sind im Wesentlichen der katalanischen Gotik zuzuordnen (14./15. Jh.). Bemerkenswert

Schlicht, doch kostbar: Porphyrsarkophag des Stauferkaisers Friedrich II. in der Cattedrale von Palermo

ist vor allem der reich dekorierte **Portalvorbau** mit Maßwerkgiebel. Vor dem früheren Hauptportal erhebt sich im Westen ein mächtiger normannischer **Wehrturm**, der durch Bogen mit dem Dom verbunden später ebenfalls dekorative Aufsätze erhielt.

Original erhalten ist jedoch die mächtige **Choranlage** mit ihren drei Apsiden im Osten. Das Dekorationsmuster dieser zweifarbigen Fassade besteht aus sich überschneidenden Spitzbogen und einem Zinnenkranz.

Die Kirche wurde schließlich 1781 – 1801 nach den Plänen von *Ferdinando Fuga* mit einer monumentalen Kuppel versehen und auch im Inneren klassizistisch umgestaltet.

Wer die Kathedrale durch das Portal mit den geschnitzten Türflügeln (15. Jh.) betritt, ist vielleicht enttäuscht von der kühlen Pracht des **Innenraums**. Hauptanziehungspunkt sind zwei Kapellen (links), die als **Grablege** des normannisch-staufischen Königshauses dienen. In dunkelroten Porphyrsarkophagen ruhen: in der hinteren Reihe links **Roger II.** unter einem Baldachin auf mosaikverzierten Säulen, neben ihm seine Tochter **Konstanze**, Mutter Friedrichs II. und Gattin Heinrichs VI. Vorne stehen rechts der Sarkophag **Heinrichs VI.** und links der seines Sohnes **Friedrich II.**, gleichfalls unter prächtigen Baldachinen. Neben dem Grab Heinrichs ist ein antiker

Sarkophag in die Wand eingelassen, in dem **Konstanze von Aragon**, die erste Gattin Friedrichs II., beigesetzt wurde.

Rechts vom Chorraum der Kathedrale liegt die **Cappella di Santa Rosalia**, die Kapelle der Schutzpatronin Palermos. Ihre Reliquien ruhen in einer prächtigen Silberurne (1631) auf dem Altar.

Gleich daneben befindet sich der Aufgang zur Schatzkammer **Tesoro della Cattedrale** (werktags 9–12 und 16–17.30, So/Fei 15–17 Uhr), in der u. a. die kostbare *Kaiserkrone* der Konstanze von Aragon ausgestellt ist – sie ähnelt den Kronen byzantinischer Herrscher.

Im Herzen der Altstadt

Eigentlich heißt sie *Piazza Vigliena*, doch jeder nennt den Platz im Herzen Palermos **I Quattro Canti** ❺. Die vier Kanten der sich kreuzenden Straßenzüge Via Maqueda und Corso Vittorio Emanuele (Cassaro) schmückte *Guido Lasso*

1608–20 mit vier prächtigen Fassaden. In den jeweils drei Stockwerken werden die drei *klassischen Stilarten* der Säulen und Pilaster (dorisch, ionisch und korinthisch) vorgeführt. Die **Erdgeschosse** mit ihren Brunnen sind mit Skulpturen der *Vier Jahreszeiten* geschmückt. In den Nischen des **ersten Geschosses** erscheinen die *spanischen Könige* (Karl V. sowie Philipp II., III. und IV.). In den **Obergeschossen** stehen die vier Schutzheiligen der Stadtviertel (Cristina, Ninfa, Oliva, Agata). I Quattro Canti ist zwar heute immer noch das Herz der Stadt, doch vor allem ein Opfer des gnadenlosen Straßenverkehrs.

Gleich nebenan liegt die etwas ruhigere **Piazza Pretoria** ❻. Wie eine Theaterkulisse wirkt der Platz, der von einer monumentalen Brunnenanlage beherrscht wird. Die **Fontana Pretoria** ist ein manieristisches Mammutwerk aus 644 Mar-

Himmlische Ruhe: In den dunklen Nachthimmel ragen die eindrucksvollen Türme der Cattedrale Maria Santissima Assunta, des größten Sakralbaus Palermos

Warten auf den Bräutigam: Die Piazza Pretoria mit ihrer monumentalen Brunnenanlage ist eine beliebte Kulisse für Hochzeitspaare

morteilen, dem schon Goethe jegliche Schönheit absprach. Entstanden war der Brunnen mit den zahlreichen nackten Göttern und Nymphen um 1555 für die Florentiner Villa des Vizekönigs von Neapel. Als dieser jedoch die Annahme verweigerte, entschied sich 1573 die Stadt Palermo zum Kauf.

An der Piazza liegt auch das Rathaus, der im 15. Jh. erbaute und bis ins 19. Jh. mehrfach veränderte **Palazzo Senatorio**. Die barocke Theatinerkirche **San Giuseppe dei Teatini** ❼ wurde im 17. Jh. über der Vorgängerkirche Madonna della Provvidenza erbaut, die man als Krypta in den Neubau integrierte. Die einschiffige Ordenskirche **Santa Catarina** ❽ (wegen Restaurierung geschl.), im 16. Jh. von Dominikanerinnen in Auftrag gegeben, erhielt in den folgenden Jahrhunderten ein reiches Marmordekor.

Hinter dem Senatorenpalast liegt die **Piazza Bellini**. Auf einer 2 m hohen Terrasse stehen sich hier zwei bemerkenswerte Kirchen aus der Normannenzeit gegenüber, **San Cataldo** ❾ und La Martorana. Die Kapelle San Cataldo, ein arabisch-normannisches Meisterwerk (um 1154), dessen drei leichte **Kuppeln** auf

einem rechteckigen Kubus über umlaufenden Zinnen zu schweben scheinen, kennt keine Öffnungszeiten. Mit ein bisschen Glück, von einem Trinkgeld befördert, zückt die Aufsicht der Martorana aber gelegentlich den passenden Schlüssel. Dann kann man im schlicht-schönen **Inneren** das Zusammenspiel von Mosaikfußboden, antiken Säulen und normannischem Kreuzgratgewölbe bewundern.

Die schönsten Fotomotive liegen auf der Straße: Spiegelbild von San Cataldo

Legitimation von ganz oben: Normannenkönig Roger II. wird von Christus höchstpersönlich gekrönt – Widmungsmosaik aus der mittelalterlichen Kirche La Martorana

Bauherr war der Admiral Wilhelms I., Maione di Bari.

Aus der Regierungszeit Rogers II. stammt **La Martorana** 🔟 (Mo – Sa 8.30 – 13 und 15.30 – 19, So/Fei 8.30 – 13 Uhr). Ursprünglich hieß die Kirche nach ihrem Erbauer, dem Admiral Georg von Antiochien, **Santa Maria dell'Ammiraglio**. Dieser weihte das Gebäude 1143 der Gottesgebärerin, Theotokos. Noch heute finden in der Martorana griechisch-orthodoxe Gottesdienste statt.

La Martorana entstand als byzantinische **Kreuzkuppelkirche**. Noch im 12. Jh. wurde der Zentralbau im Westen durch *Campanile*, Innenhof und Narthex (Vorhalle) ergänzt. Spätere Umbauten integrierten die Ergänzungen des 12. Jh. als dreischiffiges **Langhaus** in den Kirchenraum. Im 17. Jh. fanden die Umgestaltungen mit dem Neubau der *Fassade* und des Hauptchores ihren Abschluss. Die Ausstattung wurde durch barocke Fresken ergänzt.

Im **Inneren** sind zunächst die beiden *Widmungsmosaike* im Eingangsbereich von besonderem Interesse. Links vom Treppenaufgang erscheint der Stifter Georg von Antiochien in demütiger Pose vor der Gottesmutter, die eine Schriftrolle

hält. Rechts wird Roger II. von Christus gekrönt. Roger hat sich hier einen Bildtyp aus der byzantinischen Herrscherikonographie angeeignet – was vom Selbstbewusstsein des Normannen zeugt.

Die goldgrundigen Mosaike im **Kuppelraum** folgen ebenfalls byzantinischen Vorbildern. Im Zenit der Kuppel thront **Christus Pantokrator**. Vier Erzengel huldigen dem Weltenherrscher – nach byzantinischer Hofetikette – mit verhüllten Händen. Darunter erscheinen Propheten und in den Kuppelnischen die Evangelisten. Zu den Szenen aus dem **Marienleben** gehören die ›Verkündigung‹ am Triumphbogen sowie ›Geburt Christi‹ und ›Tod Mariens‹ in den Tonnengewölben.

In nördlicher Richtung erreicht man über die Via Roma die Piazza San Domenico, deren Ostseite die derzeit wegen Renovierung geschlossene Chiesa **San Domenico** ⓫ (Mo – Fr 9 – 11.30, Sa/So 17 – 19 Uhr) beherrscht. Sie war die erste Dominikanerkirche in Palermo (14. Jh.), doch präsentiert sich heute der Neubau des 17. Jh. – die bereits vom Rokoko beeinflusste Fassade entstand 1726 – als eine der schönsten Barockkirchen der Stadt. Sie ist Grablege berühmter Sizilia-

Hier geht es ans Eingemachte: Im Mercato Vucciria werden Oliven, Peperoni, getrocknete Tomaten und Gewürze in großer Auswahl angeboten

ner wie Michele und Emerico Amari, Francesco Crispi und Pietro Novelli. Das **Innere** schmücken Marmor- und Malarbeiten von Paolo Amato, Antonello Gaggini, Andrea Carrera u. a.

Das **Oratorio del Rosario** (Mo – Fr 9 – 13 und 15 – 18.30, Sa/So 9 – 13 Uhr) auf der Rückseite der Kirche wurde 1578 von der Rosario-Bruderschaft in Auftrag gegeben, zu der die bedeutendsten Händler und Künstler der Stadt gehörten. **Anthonis van Dyck** malte das Altarbild der Rosenkranzmadonna, die weißgoldenen feinen Stuckaturen schuf Giacomo Serpotta (beide 17. Jh.).

 An der Piazza San Domenico beginnt der **Mercato Vucciria** ⑫, Palermos ältester Markt, der sich

Artemis straft Akteion – Metope vom Hera-Tempel in Selinunt, Museo Archeologico

bunt und wie eine Krake durch die Gassen bis zum Hafen hinunterzieht. Sein Warenangebot ist vielfältig und reicht von Käse und Fleisch, Gemüse- und Obstständen über eine Auswahl an Artischocken und Auberginen, Seeigeln und Sardinen, Nüssen, Mandeln und Gebäck bis zu Schuhen, Strümpfen, Haushaltswaren, gerupften Hühnern und Musik-CDs, Plastikspielzeug und Tischdecken. Und auch der Geruchssinn kommt nicht zu kurz: Überall duftet es nach Knoblauch und Basilikum, nach frischem Fisch und eingelegten Oliven.

Museo Archeologico Regionale ⑬
Nur wenige Minuten sind es von der Piazza San Domenico über die Via Roma zum Museo Archeologico Regionale (tgl. 9 – 13.30, Di/Mi/Fr auch 15 – 18.30 Uhr) hinter der Hauptpost. Seit 1866 ist die umfangreiche Sammlung im früheren **Kloster S. Filippo Neri** untergebracht. Eine Oase der Ruhe empfängt den Besucher in den beiden Kreuzgängen mit ihrem subtropischen Pflanzenschmuck.

Erdgeschoss: Der **kleine Kreuzgang** ist mit antiken Schiffsankern bestückt. In den angrenzenden Räumen werden Funde **ägyptischen** und **phönizischen** Ursprungs ausgestellt. Der schwarze, ›Stein von Palermo‹ genannte Diorit präsentiert ägyptische Herrscherlisten des 4./3. Jahrtausends v. Chr. Phönizische Stücke wie der Männertorso und die Sarkophage in Menschengestalt (6./5. Jh. v. Chr.) sind der griechischen Kunst verpflichtet.

Durch den **großen Kreuzgang**, in dem römische Bestände gezeigt werden, gelangt man in die griechischen Säle. Aus archaischer Zeit stammt das tönerne **Tympanon** des **Herakles-Tempels** von Selinunt mit dem Bild der Gorgo Medusa (570/560 v. Chr.). Zum Siegestempel von **Himera** (480 v. Chr.) gehören die Dachtraufen mit Löwenkopf-Wasserspeiern im nächsten Saal.

Im **Saal von Selinunt** sind die bedeutendsten Funde versammelt. Vom **Herakles-Tempel** stammen die Metopen an der linken Wand. Diese Schmuckplatten waren Teil des auf den Säulen ruhenden Gebälks und wie der Rest des Tempels aus Kalkstein, verputzt und bunt bemalt. Die Metopen zeigen: Apoll und Artemis auf dem Viergespann des Sonnengottes; Perseus enthauptet Medusa im Beisein der Athena; Herakles bändigt die Kerkopen, ein diebisches Zwillingspaar.

Während diese Darstellungen in ihrer Frontalität und Strenge der *Archaik* verpflichtet sind, zeigen die Metopen des **Hera-Tempels** an der Stirnwand das Geschick der **klassischen** Epoche, das in der Feinheit des Reliefs und Dramaturgie der Szenen zum Ausdruck kommt (von links nach rechts): Herakles im Kampf mit einer Amazone; die Hochzeit von Zeus und Hera; Artemis verwandelt Akteion in einen Hirsch, den ihre Hunde zerfleischen; Athena tötet Enkelados.

Die kleine Bronzeplastik in der Saalmitte, der ›**Ephebe von Selinunt**‹, stammt ebenfalls aus dieser Zeit (um 470 v. Chr.).

In den anschließenden Sälen ist eine Sammlung etruskischer Kunst aus Chiusi untergebracht.

1. Obergeschoss: Hier sind römische Skulpturen und Porträts aus dem 1.–3. Jh. n. Chr. zu sehen, so Nero und Galenius, sowie griechische Skulpturen und Grabreliefs (5./4. Jh. v. Chr.). Zu den schönsten Werken gehört der lebendig wirkende Bronze-Widder aus Syrakus (3. Jh. v. Chr.).

2. Obergeschoss: Verblüffend ist die **prähistorische Sammlung**. Sie zeigt Kopien der Ritzzeichnungen aus den **Addaura-Grotten** und der Niscemi-Grotte am Monte Pellegrino sowie Kopien der Felszeichnungen von der Insel **Levanzo**. Es sind u. a. Trink- und Tanzszenen – für das Paläolithikum ungewöhnlich – außerdem Darstellungen von Pferden und Rindern.

Die Sammlung **griechischer Keramik** (6.–4. Jh. v. Chr.) wird durch römische Mosaiken und Fresken ergänzt.

Theatergeschichten

Durch schmale Gassen oder über die Via Cavour gelangt man zur Piazza Giuseppe Verdi mit dem massiven **Teatro Massimo** 🔴. Die Entstehung dieser klassizistischen Opernburg nach Plänen von Giovanni Battista Basile dauerte 22 Jahre (1875–97). Beim Triumphmarsch aus

Schauplatz großen Theaters – das von Giovanni Battista Basile entworfene Teatro Massimo

Die multifunktionale Politeama Garibaldi: Unten wird Theater gespielt, oben italienische Kunst ausgestellt

›Aida‹ konnten sogar Elefanten auf der 800 m² großen Bühne Einzug halten. Es war damals mit seinen 3200 Plätzen nach der Mailänder Scala das größte und bedeutendste Opernhaus Italiens. Nach langer Restaurierung – 23 Jahre war das Gebäude mit Brettern vernagelt – wurde das Teatro Massimo im Frühjahr 1997 wieder eröffnet.

Wer von der Via Volturno zur Porta Carini spaziert, stößt an der *Via Porta Carini* und der *Via Sant'Agostino* auf den **Capo**, einen Kleider- und Trödelmarkt.

Nördlich des Teatro Massimo öffnet sich hinter der Banca di Sicilia die *Piazza Ungheria*. Sie war häufig Ziel des Grafen **Giuseppe Tomasi di Lampedusa**, Autor des ›Leoparden‹. Ins **Caffè Mazzara**, wo es schöne, bunte Marzipanfrüchte und köstliches Eis gibt, soll er sich bei einer Melonengranita zum Schreiben zurückgezogen haben.

Die *Via Ruggero Settimo* mit ihren hübschen Geschäften führt zum Theater- und Opernhaus **Politeama Garibaldi** ⑮. Nach Entwürfen von Giuseppe Damiani Almeydas entstand 1867–74 der beeindruckende klassizistische Bau. Die temperamentvolle bronzerne *Quadriga* (1874) über dem Eingang stammt von Mario Rutelli. Opernsaison ist von November bis Juni. Die **Galleria d'Arte Moderna Restivo** (Di – Sa 9 – 20, So 9 –

◁ *Vita Palermitana – Antica Foccaceria San Francesco und ein typischer Lebensmittelladen in der Altstadt, dazwischen kleine Betriebe, die Souvenirs fertigen*

13 Uhr) im Obergeschoss zeigt italienische Kunst des 19./20. Jh. u. a. von Carlo Carrà und Renato Guttuso.

Hier, wo die edlen Geschäfte und noblen Cafés der **Viale della Libertà** beginnen, treffen sich auf der *Piazza Castelnuovo* die jungen Palermitaner zu Gespräch und Flirt, während vom Einkaufen oder Stadtrundgang Erschöpfte auf den Bänken ausruhen.

Hafenviertel La Kalsa

Der Corso Vittorio Emanuele führt direkt zur **Cala**, zum Fischereihafen, ins Hafenviertel La Kalsa mit seinen kleinen Werkstätten, Kneipen, aber auch zerbröckelnden Barockpalästen, Ruinen und Trümmergrundstücken.

Zu den Juwelen inmitten des Verfalls gehört die Kirche **San Francesco d'Assisi** ⑯ (Mo – Sa 7 –18, So/Fei 8 –12 Uhr). Die Restaurierung nach dem Zweiten Weltkrieg konnte wesentliche Züge des 1255 –77 errichteten Baus wieder herstellen. Die **Fassade** präsentiert ein schönes gotisches Portal (1302) mit einer großen Rosette, der dreischiffige **Innenraum** wird von gotischen Spitzbogen über romanischen Rundpfeilern beherrscht. Bemerkenswert neben dem Chorgestühl und einer Reihe von Skulpturen der sizilianischen Bildhauer-Familie Gaggini (16. Jh.) ist die **4. Kapelle** im linken Seitenschiff. Ihr Tonnengewölbe ruht auf schweren Pilastern. Die schönen Hochreliefs schuf *Francesco Laurana* (1468).

Nahebei, in der Via Butera 1, liegt das **Museo delle Marionette** ⑰ (Mo – Fr 9 –13 und 16 –19, Sa

TOP TIPP

9–13 Uhr). Die Sammlung kann leider nur einen kleinen Teil ihres riesigen Bestandes an Marionetten zeigen. In abgedunkelten Räumen sind verschiedene **Bühnenbilder** mit Marionetten-Akteuren, z. B. den kampflustigen Rittern um den tapferen **Ruggero** (Roland), präsentiert, die gegen die Sarazenen kämpfen. Etwa einmal in der Woche erwachen bei den Vorstellungen der **Opera dei Pupi** die sizilianischen Marionetten zum Leben. Historische Spiel- und Stabpuppen aus Indonesien, Indien und Afrika vervollständigen die Sammlung.

Mit seinen gewaltigen Gummibäumen beeindruckt der *Giardino Garibaldi* im Zentrum der **Piazza Marina**. Auffallend schön ist östlich davon der **Palazzo Chiaramonte** 🔴, auch Palazzo Lo Steri genannt. Die Adelsfamilie Chiaramonte spielte in Politik und Wirtschaft Siziliens während des 14. Jh. eine wichtige Rolle. Nach dem 1307 begonnenen Stadtpalast mit seinem festungsartigen Erdgeschoss und den anmutig verzierten Fensterarkaden wurde der **Chiaramonte-Stil** als Palast-Typus benannt. Nach dem Niedergang der Familie – 1396 war Andrea, der letzte Chiaramonte, wegen Rebellion gegen den König vor Lo Steri enthauptet

Oben: *Villa Giulia – Oase der Ruhe inmitten der hektischen Großstadt*

Unten: *Apocalypse Now – der Tod verbreitet Angst und Schrecken (Galleria Regionale)*

worden – residierte hier der Vizekönig, später das Inquisitionsgericht, dann der Gerichtshof. Heute gehört der Palast dem Dekanat der Universität.

Der **Palazzo Abatellis**, ab 1490 in katalanisch-spätgotischem Stil nach Entwürfen Matteo Carnelivaris errichtet, beherbergt mit der **Galleria Regionale della Sicilia** ⑲ (Mo–Sa 9–13, Do/Fr/Sa auch 16–19.30 und 20.30–23, So 9–12.30 Uhr) eine bedeutende Kunstsammlung des 13.–18. Jh. Bis 1943 hatte hier ein Dominikanerkloster seinen Sitz. In der ehem. Kapelle erinnert das monumentale Gemälde ›Triumph des Todes‹ (15. Jh.) aus dem Palazzo Sclafani [s. S. 23] an die Vergänglichkeit des Lebens. Zu den Meisterwerken des Museums zählen die Gemälde **Antonello da Messinas:** ›L'Annunziata‹ (Verkündigung; 1474) und die Darstellungen der Kirchenväter Augustinus, Gregor und Hieronymus. In der **Skulpturensammlung** befinden sich Werke der *Familie Gaggini* (16. Jh.) und *Francesco Lauranas* Porträtbüste der Eleonora von Aragon (um 1471).

Das am Meer gelegene, mit einem verlotterten Park bestückte **Foro Italico**, einst Palermos prächtige Strandpromenade, wirkt heute verlassen. Wendet man sich nach links, gelangt man zur **Porta Felice** ⑳, dem 1582 als Pendant zur Porta Nuova errichteten barocken Tor mit Blick auf die Marina. Ungewöhnlich ist seine nach oben offene Triumphbogenarchitektur.

Durch die *Via dello Spasimo* gelangt man zur gleichnamigen Piazza und zur unvollendeten Kirche **Santa Maria dello Spasimo** ㉑. Heute lockt ein weit geöffnetes Tor auf einen sonnenbeschienenen, von weißen Säulen gerahmten Platz. Eine kleine *Ausstellung* im Eingangsbereich erzählt die Geschichte der Kirche. Ende des 16. Jh. wurden die Arbeiten an dem Gotteshaus eingestellt. Später wuchsen Bäume aus dem *Mittelschiff* in den Himmel, nur die *Seitenschiffe* waren überdacht. Sie dienten als Getreidelager, Hospital und Altersheim. Seit 1995 finden an Sommerabenden in den blumengeschmückten Ruinen **Musikveranstaltungen** statt, die das triste Viertel verzaubern.

Über die Via Abramo Lincoln gelangt man schließlich zur **Villa Giulia** ㉒, einem hübschen Park, der 1778 von Nicolò Palma angelegt wurde. Hier spielen Kinder und träumen Liebespaare vor kopflosen Statuen.

Gleich nebenan lädt der 1789 angelegte **Orto Botanico** ㉓ mit Riesenbam-

33

bus und großen Yucca-Pflanzen, Palm-alleen und Oleander, Hibiskus und Tamarisken mehr zum Staunen als zum Ausruhen ein. **Magnolien** (Ficus magnolioides) heißen die Riesen, die mächtige Luftwurzeln bis auf die Erde hinunterschicken und die betonierten Wege aufzubrechen vermögen. Wie dicke Flaschen säumen die mit festen Stacheln ausgerüsteten **Kapokbäume** (Chorisia insignis) einen Weg. Sie sind im tropischen Südamerika zu Hause.

Luxus und Kuriositäten

Inmitten üppig grüner Gärten, aus denen Zitronen und Orangen leuchteten, lag einst das **Lustschloss** der normannischen Könige, von Wilhelm I. 1165 begonnen und von seinem Sohn Wilhelm II. 1167 vollendet.

La Zisa 24
(Piazza Zisa, Mo–Sa 9–13, Mo/Mi/Fr auch 15–18, So 9–12.30 Uhr). La Zisa – der Name ist auf das arabische ›al aziz‹ (edel, strahlend) zurückzuführen – erin-

Das irdische Paradies – Brunnensaal des normannischen Königspalastes La Zisa

nert mit ihrem mächtigen kubischen Baublock an die nordafrikanische Architektur der Fatimiden.

Das strenge **Äußere** mit hohen Blendarkaden und schlanken Fassadentürmen lässt an eine Festung denken. Nur die **Hauptfassade** verrät den dreigeschossigen Aufbau und ist durchfenstert. Vor dem mittleren und größten der drei spitzbogigen **Portale** lag einst ein Teich. Der Pavillon in seiner Mitte war über einen Steg erreichbar. Die arabische *Inschrift* am Eingang preist den Ort und das irdische Paradies, das sich von hier aus erschließt, das Meer und den Berg (den Monte Pellegrino).

Als Märchen aus 1001 Nacht präsentiert sich der Palast im **Inneren**. Zentrum des Erdgeschosses ist der **Brunnensaal**, der mit kostbaren Mosaiken und einer Stalaktitendecke geschmückt ist. Vom *Brunnen* in der Rückwand floss das Wasser durch den Saal und wurde durch Rohre in den Teich geleitet. Diese Wasserkühlung und Ventilationssysteme weisen darauf hin, dass es sich bei der Zisa um eine **Sommerresidenz** handelte.

Auch die **Wohnräume** der beiden Obergeschosse waren z. T. mit Mosaiken verziert. Im 2. Stock diente ein offenes **Atrium** als königlich geschmückte Dachterrasse.

Convento dei Cappuccini 25
Weiter nördlich, an der Piazza Cappuccini, präsentiert sich mit dem Kapuzinerkonvent und seinen **Catacombe** (tgl. 9–12 und 13–17 Uhr) eine makabre unterirdische Galerie mit 8000 Toten. Sie wurde nach Gründung des Klosters 1621 eingerichtet. Mumifizierte Mönche, Männer und Frauen sowie einige Kinder sind in getrennten Abteilungen auf Stehplätzen entlang der Wände aufgereiht. Leisten konnten sich diese aus dem spanischen Kulturkreis stammende Bestattungsform nur wohlhabende Palermitaner. Die Verstorbenen, verstaubten Puppen ähnlich, wurden von der Familie regelmäßig besucht und neu eingekleidet. Das Mumifizieren wurde 1881 verboten.

Dort, wo vom Corso Calatafimi die Via Aurelio Zankle abzweigt, lugt aus dem einstigen königlichen Garten, heute Kasernenanlage, **La Cuba** 26 (Mo–Sa 9–13 und Do auch 15–18.30 Uhr). Der Wohnpalast wurde 1180 für Wilhelm II. erbaut. Eine rosa Kuppel krönt den Kubus mit maurischen Spitzbogenfenstern.

In den Katakomben des Convento dei Cappuccini kann man 8000 Mumien bestaunen. Diese Bestattungsform war bis ins 19. Jh. bei wohlhabenden Familien gebräuchlich

Monte Pellegrino 27

Vor dem Abschied von Palermo ist der Besuch des Monte Pellegrino angemessen. Zweistündlich, an Sonn- und Feiertagen stündlich, fährt ein städtischer Linienbus den Berg hinauf. Nach jeder Windung der Straße eröffnet sich ein neuer Blick auf Stadt und Meer. **TOP TIPP** Endstation ist der **Santuario di Santa Rosalia** (tgl. 7–19 Uhr), Kultstätte der Schutzpatronin Palermos, die hier in einer Felsgrotte verehrt wird. 1130 geboren, soll Rosalia in der **Grotte** auf dem Monte Pellegrino 1166 als Einsiedlerin gestorben sein. Der Legende nach ist sie am 15. Juli 1624 anderen Einsiedlern erschienen und hat ihnen den Weg hierher gewiesen. Man brachte ihre Gebeine nach Palermo, woraufhin die **Pest**, die gerade in der Stadt wütete, gebannt war. 1625 baute man in die Grotte eine **Kirche**, die heute über und über mit *Votivgaben* geschmückt und mit Bitt- und Dankbriefen versehen ist.

Der Italienreisende **Goethe** war des Lobes voll über Anmut und Liebreiz der *Statue* der Santa Rosalia, ein Geschenk Karls III. von Bourbon. Im *Juli* feiert Palermo das Fest seiner Heiligen mit einer Prozession, und im September pilgern Tausende hinauf zur Grotte. Keine 200 m sind es von der Grotte bis zum **Gipfel** des Monte Pellegrino (606 m), von dem der Blick bei klarem Wetter bis zu den Isole Eolie und zum Ätna reicht.

Praktische Hinweise

Information: AAPIT, am Flughafen, Tel. 0 91 59 16 98. – Am Hauptbahnhof, Tel. 09 16 16 59 14. – An der Piazza Castelnuovo 34, Tel. 0 91 58 38 47, Internet: www.palermotourism.com

Bahnhof: Am südlichen Ende der Via Roma, Zugauskunft per Computer-Terminal.

Flughafen: Aeroporto Falcone – Borsellino, ca. 30 km westlich, Tel. 09 17 02 01 11. Busse fahren regelmäßig ab Bahnhof und Politeama Garibaldi.

Stadtrundfahrt: Verschiedene Touren, mit dem Bus und zu Fuß, qualifiziert und mehrsprachig, beginnen tgl. um 9 und um 15 Uhr an der Ecke Via Mariano Stabile/Via Ruggero Settimo (nördlich des Teatro Massimo).

Hotels

****Centrale Palace**, Corso Vittorio Emanuele 327, Tel. 0 91 33 66 66, Fax 0 91 33 48 81, Internet: www.bestwestern.it. Im Herzen der Altstadt, nahe den Quattro Canti gelegen, ist der Palast aus dem 18. Jh. trotz Umgestaltung in nostalgischer Anmut erhalten geblieben, eine Spitzenadresse. Beim Frühstück Blick über die Altstadt.

****Excelsior Palace**, Via Marchese Ugo 5, Tel. 09 16 25 61 76, Fax 0 91 34 21 39, Internet: www.excelsior palermo.com. Stilvolles Haus mit prächtigen Murano-Lüstern und schönem Mobiliar. Gemütliche Zimmer.

Die Heiligenfigürchen für zu Hause

Fromme Feste

Wenn vom 11. bis 15. Juli das Fest der Stadtpatronin **Santa Rosalia** *gefeiert wird, ist ganz Palermo unterwegs. Dann schieben sich die Massen an dem großen, schweren Prozessionswagen vorbei, der zwischen Cattedrale und I Quattro Canti bewegt wird. Höhepunkt ist das abendliche* **Feuerwerk** *am Hafen, das mit seinen Lichterkaskaden die Stadt verzaubert. Aber erst am Abend des* **3. September** *zieht eine gespenstische Fackelprozession zum Rosalia-Wallfahrtsort auf den* **Monte Pellegrino** *hinauf, und die ganz Frommen pilgern den langen Weg zu Fuß über die Strada Vecchia. Bußfertigkeit wird auf den letzten Stufen auf Knien rutschend demonstriert.*

Allerseelen*, das Totenfest am 2. November, ist auf Sizilien ein fröhliches, mit Ungeduld erwartetes* **Kinderfest***. Schließlich sind die Wunschzettel längst geschrieben, und die guten Seelen der Toten bestens darüber informiert, was die Nachkommen sich wünschen, wenn dann endlich Bescherung ist. Straßenhändler verkaufen knochentrockenes Gebäck mit Zuckerguss,* **Pasta dei Morti***. Und nicht minder makaber mag es manchem Fremden scheinen, dass viele Familien mit ihren Kindern die Katakomben besuchen, wo sie die Mumien berühren dürfen – ein erster Kontakt zum Jenseits.*

****Grand Hotel et Des Palmes, Via Roma 398, Tel. 09 15 8 39 33, Fax 09 13 31 5 45, Internet: www.thi.it. Jugendstil und illustre Gäste haben das 1874 gegründete Hotel berühmt gemacht, Richard Wagner soll in einem der Zimmer den ›Parsifal‹ vollendet haben, Guy de Maupassant und Arthur Miller nächtigten hier. Und sogar Mafiaboss Lucky Luciano richtete nach seiner Ausweisung aus Amerika in dem Hotel sein Hauptquartier ein.

**Moderno, Via Roma 276, Tel. 09 15 8 82 60, Fax 09 15 8 86 83. Zentral gelegenes Hotel mit sauberen Zimmern in der 3. und 4. Etage eines Palazzo.

**Posta, Via A. Gaggini 77, Tel. 09 15 8 73 38, Fax 09 15 8 73 47. In einer kleinen Straße gegenüber der Hauptpost, ruhig gelegen, aber etwas hellhörig. Ein freundliches Familienunternehmen, das mit Fotos illustrer Gäste beweist, dass man sich in guter Gesellschaft befindet.

**Sausele, Via Vincenzo Errante 12, Tel. 09 16 16 13 08, Fax 09 16 16 75 25, Internet: www.hotelsausele.it. Nahe dem Bahnhof. Von Schweizern geführtes, gutes Mittelklassehotel.

Restaurants

Altri Tempi, Via Sammartino 65, Tel. 09 13 2 34 80. Für traditionelle sizilianische Gerichte sorgt in altem Gemäuer das Team des Szenewirts Sebastiano Salanitro.

Antica Foccaceria San Francesco, Via Paternostro 58. Beliebter Imbiss in Jugendstil-Interieur bietet Palermitaner Spezialitäten: *Focacce*, frittierte Hefeteigballen mit verschiedenen Füllungen und *Arancine*, Reiskugeln.

Hostaria da Mamma Carmela, Via Principe Scordia 159, Tel. 09 16 11 27 01. In der Hafengegend, wo Palermo sichtlich nicht reich ist und täglich bis zum Abend ein lebhafter Markt mit verführerischen Düften lockt. Zwischen Postkarten und Fotos kocht die Wirtin täglich neue Gerichte. Daher gibt es keine Speisekarte. Aber Freitag ist Couscous-Tag.

Ristorante Pizzeria Bellini, Piazza Bellini 6, Tel. 09 16 16 56 91. Im ehem. Theater zu Füßen der Martorana. Nach reichhaltigem Essen guter Ausgangspunkt für einen Spaziergang.

Garantiert die beste Adresse in Palermo: das Grand Hotel et Des Palmes, in dem schon Wagner wohnte

TOP TIPP

Shanghai, Viccolo dei Mezzani 34, Tel. 0 91 58 97 02. Restaurant mit palermitaner Spezialitäten. Von der Terrasse kann man mittags das Treiben in der Vucciria beobachten (So geschl.).

Taverna di John, Via Sperlinga 57, Tel. 0 91 33 46 78. Beim Teatro Massimo. Hölzerne Bänke vor dem Pizzaofen, die bereits kurz nach 20 Uhr alle besetzt sind (Mi geschl.).

Trattoria Stella, Via Alloro 104, Tel. 09 16 16 11 36. Köstliches Menü in angenehmer Atmosphäre. Im Innenhof des früheren Hotels Patria lässt man sich unter Palmen kulinarisch verwöhnen (Mo geschl.).

Caffès

Caffè Mazzara, Via G. Magliocco 15. Vornehme Wartehallen-Atmosphäre. Das Gelato aus hauseigener Produktion ist ein Muss für Schleckermäuler.

Shakespeare & Company, Via Archimede 189, Tel. 09 16 09 01 33. Wein- und Cocktailhaus in modernem Design, In-Caffè.

Nachtleben

Das **Vucciria-Viertel** und, etwas feiner, die Gegend um die **Via Principe di Belmonte** eignen sich für das Glas Wein am Abend und, insbesondere die zweite Adresse, für das Eis im Caffè.

Ort der Begegnung: Das Feinschmeckerlokal im Grand Hotel ist stets gut besucht

Am Rande der Conca d'Oro –
Antike, Gold und Badefreuden

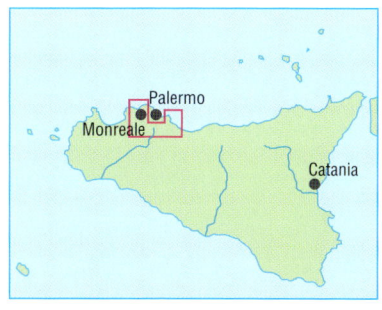

Der Großstadt und ihrer tausend Wunder müde – nach Tagen der Kunstbegeisterung und Abenden an den köstlichsten Tafeln – verlässt der Bildungsreisende gelegentlich auf Goethes Spuren Palermo, um in der Umgebung Entspannung und Abwechslung zu suchen. Doch er wird bald bemerken, dass (fast) alle Wege zur Kunst führen. **Monreale** blickt auf Palermo hinab und lockt mit Superlativen der Normannenkunst.

Auf einem Bergrücken am Meer präsentiert sich **Solunto** mit den Resten einer antiken Stadt und **Bagheria** wartet mit barocken Scherzfiguren auf. In **Mondello** schließlich winkt Erlösung. Hier feiert man *Dolce Vita alla Siciliana* am Sandstrand zwischen Fischern und frisch gestylten Palermitanern.

2 Monreale

Vergoldeter Normannendom und Kreuzgang voller Bildgeschichten.

Nur 8 km sind es von den I Quattro Canti. Schnurgerade führt die Straße bergan, windet sich bis in 300 m Höhe über die Conca d'Oro hinaus und gibt schließlich den Blick frei auf den monumentalen Dom von Monreale. Wenn man ihn dennoch nicht so einfach in dem kleinen, hübschen **Städtchen** wieder findet, so liegt das daran, dass er, obwohl mächtig wie eine Festung, dicht umbaut ist.

TOP TIPP **Duomo Santa Maria la Nuova**
Der Duomo von Monreale (Mo – Sa 9 –13, April – Okt. auch 15 –19, So 9 – 12.30 Uhr) verdankt seine Entstehung (1174 – 82) dem **Machtkampf** zwischen dem Palermitaner Erzbischof Walter of the Mill und dem Normannenkönig Wilhelm II., der auf seinem ›Königsberg‹ (Monreale) ein Erzbistum etablierte und neben Kirche und Kloster seinen Herrscherpalast errichten ließ.

Der Dom selbst stand in Konkurrenz zu der Cattedrale von Palermo, dem Projekt Walters (1170 – 85). Bildhafter Beweis ist die wundervolle **Apsidenanlage**, die weithin sichtbar über Palermo thront und den Apsidenschmuck der Cattedrale an Pracht und Formenreichtum um ein Vielfaches übertrifft. Wie ein dicht gewebter *orientalischer Teppich* überzie-

hen Kalk- und Lavastein-Muster, von verflochtenen Spitzbogenarkaden gegliedert, den imposanten Chorbau.

Die von zwei mächtigen Türmen flankierte **Hauptfassade** wiederum – die Vorhalle stammt aus dem 16. Jh. – macht deutlich, dass der Dom Rogers II. in **Cefalù** als Vorbild für die dreischiffige Basilika mit überhöhtem Chor diente. Wie Roger II. hatte auch Wilhelm II. seinen Dom als **Königsgrablege** bestimmt. Auch in diesem Punkt wandte er sich gegen Walter of the Mill, der die Cattedrale von Palermo zur Grablege der anderen Normannenherrscher umfunktioniert hatte.

Nur an Feiertagen wird die **Bronzetür** (1186) des Hauptportals geöffnet, die Bonnano Pisano mit 42 Szenen aus dem Alten und Neuen Testament schmückte. Durch die Bronzetür des Barisano da Trani im nördlichen Seitenschiff gelangt man alltags in den Dom.

Inneres
Der Kirchenraum beeindruckt allein durch seine Größe (102 x 40 m). Über den schlanken Säulen entfalten sich die von prächtigen **Mosaiken** (1182) überzogenen Bauglieder wie ein goldenes Zelt, das von einer offenen **Sparrendecke** (1811 erneuert) bekrönt wird. In mystisch-diffuses Licht getaucht präsentiert sich auf 6340 m² Wandfläche der

◁ *Im Kreuzgang von Monreale: reich geschmückte Säulenschäfte und Kapitelle voller Rätselbilder*

Normannische Kirchenbaukunst in Vollendung: der Dom von Monreale

größte Mosaikzyklus des Abendlandes. Ein Meisterwerk, das, abgesehen von Restaurierungen im 19. Jh., original erhalten geblieben ist. Das Bildprogramm folgt im Wesentlichen dem der Cappella Palatina in Palermo [s. S. 22].

Das **Allerheiligste** wird der byzantinischen Liturgie gemäß von **Christus Pantokrator** in der Chorapsis beherrscht. Darunter erscheint die Muttergottes zwischen Erzengeln.

Im **Altar-Vorraum** stand links der *Königsthron*. Das dortige Mosaik, ›Wilhelm II. wird von Christus gekrönt‹, findet sein Pendant im Stiftermosaik rechts über dem *Thron des Erzbischofs*, ›Wilhelm II. überreicht Maria ein Modell des Doms‹. Der Legende nach ließ Wilhelm II. den Dom dort errichten, wo ihm im Traum die Jungfrau Maria erschienen war. Sie zeigte ihm den Platz, an dem ein großer Schatz verborgen lag, den er für ein frommes Werk verwenden sollte.

Die **rechte Apsis** und ihr Bildschmuck sind Petrus geweiht. Hier stehen auch die Sarkophage Wilhelms I. und Wilhelms II. Die **linke Apsis** schildert das Leben des Paulus.

Im **Mittelschiff** beginnt die Bildfolge des Alten Testaments im oberen Register der **Südwand** mit der ›Erschaffung der Erde‹. Das Mosaikband der Schöpfungsgeschichte verläuft über die West- und Nordwand, um im unteren Register der Südwand mit dem ›Bau der Arche Noah‹ fortzufahren. Nördliches und südliches **Seitenschiff** zeigen Jesu Wunderheilungen, das **Querschiff** Szenen aus dem Leben Christi. Die Übereinstimmungen mit den Mosaikbildern der Cappella Palatina gehen bis in die Details, die Szenen faszinieren durch ihre lebendige Erzählfreude.

Il Chiostro

Zum Benediktinerkloster an der Südseite des Doms gehört ein ebenfalls sehr eindrucksvoller **Kreuzgang** (Mo – Sa 9 – 19, So 9 – 12 Uhr). Der Gang (47 × 47 m) öffnet sich mit prachtvoll geschmückten Spitzbogenarkaden auf einen idylli-

Mit Adam und Eva hat alles angefangen: Die Entstehungsgeschichte der Menschheit und andere Episoden des Alten Testaments im Langhaus des Doms

schen Gartenhof. Jede der 228 marmornen **Doppelsäulen** ist individuell gestaltet, die Schäfte sind mit unterschiedlichen Mustern verziert, gewunden und gerifflelt. Meisterwerke der Steinmetzkunst sind ihre **Kapitelle**. Sie zeigen Szenen des Alten und Neuen Testaments, dazu symbolhaft-groteske Darstellungen, eine Mischung aus arabischen, antiken und frühchristlichen Motiven. Hervorzuheben ist das **Stifterkapitell** (19. Säule) an der Westseite, das Wilhelm II. mit dem Kirchenmodell vor der Muttergottes zeigt. Stilistisch weisen die Kapitelle byzantinische, provenzalische, arabische und italienische Charakteristika auf.

In der schattigsten Ecke der Anlage – quasi als ein Kreuzgang im Kreuzgang – steht ein von Arkaden gesäumter Brunnen.

3 Solunto

Ausgrabungen mit Panorama.

Am Capo Zafferano, östlich von Palermo, liegen auf dem Monte Catalfano die **Ruinen** des antiken *Solus* (Mo–Fr 9–18, Sa/So 9–13.30 Uhr). Die karthagische Siedlung, im 7. Jh. v. Chr. als Vorposten Palermos gegen die Expansionslust der Griechen errichtet, hatte Dionysios I. schon 397 v. Chr. zerstört. Um 350 v. Chr. ließ Timoleon auf dem **Monte Catalfano** eine neue, schachbrettförmige Stadt anlegen, die später die Sarazenen vernichteten. Straßenzüge, Reste eines römischen Hauses und eines Theaters sind erhalten.

4 Bagheria

Prinzen-Villa mit grotesken barocken Scherzfiguren.

Palermitaner Adelsfamilien ließen sich in Bagheria Barockvillen errichten. Deren bekannteste ist die **Villa Palagonia** (April–Okt. 9–13 und 16–19, Nov.– März 9–13 und 15.30–17.30 Uhr). Vom einstigen Glanz der Stadt selbst blieb jedoch nur wenig erhalten. Der Villa Palagonia allerdings, die Tommaso Maria Napoli 1705 für den *Prinzen Ferdinando Francesco Gravina* auf einem elliptischen Grundriss errichtete, eilt ein besonderer Ruf voraus. Zankapfel der Kunstverständigen sind die **grotesken Figuren**, die seit 1715 auf der Hofmauer stehen. Wo Goethe nur »palagonische Raserei« sah, schwärmen andere von der »heiteren

Hier fühlten sich schon die alten Karthager wohl: Capo Zafferano

Theatralik«, während die Kalksteinfiguren unbeirrt Fratzen schneiden.

Die **Villa Cattolica** (Di–So 10–16 Uhr) mit der *Galleria d'Arte moderna* zeigt Werke des hier geborenen Malers Renato Guttuso.

5 Mondello

Wo man sonntags ganz Palermo trifft.

Eine Allee führt am Monte Pellegrino vorbei in das alte Fischerstädtchen Mondello, das sich um 1900 zur **Sommerfrische** der Palermitaner entwickelte. Die Uferpromenade passiert Villen und **Strandbäder**. Restaurants und Imbissbuden sind naturgemäß auf Fischgerichte spezialisiert. Im Zentrum gehören **Straßencafés**, von denen aus man schicke Flaneure beobachten kann, zu den beliebtesten Standorten.

Untertauchen

*Ustica, die ›Perle des Mittelmeeres‹, ist ein 60 km nordwestlich von Palermo gelegenes **Taucherparadies** (Internet: www.ustica-diving.it). Ein Teil der Küste wurde zum Naturschutzgebiet erklärt. Wer nicht tauchen will, mietet sich am Kai des hübschen Ortes ein Boot für einen Ausflug. Von Palermo bringen **Tragflügelboote** die Taucher in 2 Std. auf die Insel, eine halbe Stunde länger braucht man mit der **Fähre**. Abfahrt ist bei der Stazione Marittima.*

Der Westen –
griechische Tempel, süßer Wein,
Meersalz und ein Hauch von Afrika

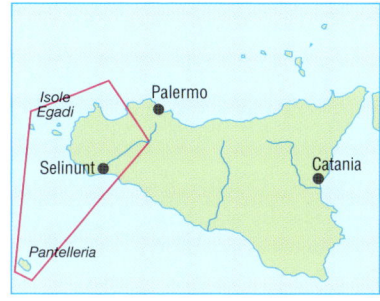

Zwischen **Trapani** und **Marsala** neigt sich das Land flach der Küste zu, mit grünen Weinbergen und Gärten, den weiß oder rosa im Licht schimmernden *Salinen,* mit restaurierten *Windmühlen*, mit ertragreichen *Fischfangflotten,* z. B. in **Mazara del Vallo**. Streckenweise vermitteln in dieser Region Landschaft und Atmosphäre die Nähe des afrikanischen Kontinents (140 km). Und über allem thront das zauberhafte Bergstädtchen **Erice**, das einen fantastischen Fernblick auf die **Isole Egadi** bietet. Vor der Dessertwein-Stadt **Marsala** liegt mit der Insel **Mozia** ein sehenswertes Stück phönizischer Kultur. **Segesta** bildet den Auftakt für die Begegnung mit den griechischen Tempeln Siziliens, **Selinunt** stellt einen der Höhepunkte dar. Moderne Kunst statt Ruinen machte die heutige Künstlerstadt **Gibellina**, ein Erdbebenopfer im Belice-Tal, bekannt.

 6 ## Segesta

Diplomatisches Bauen – Reste einer sagenumwobenen Elymerstadt mit griechischem Tempel und Theater.

Im Hinterland von Castellammare del Golfo liegen die Reste der antiken **Elymer-Stadt** Segesta (tgl. 9 Uhr bis 1 Std. vor Sonnenuntergang), der Castellammare als Hafen diente. Das Land mit seinen mächtigen Kalkfelsen und weiten Kornfeldern war damals **karthagisches** Hoheitsgebiet.

Auf einem Hügelrücken erhebt sich in vollkommener Einsamkeit ein **dorischer Tempel**. Ein kurzer Aufstieg vom Parkplatz führt zur Säulenhalle. Diese hat viele Rätsel aufgegeben. Das Fehlen des eigentlichen Tempelbaus, der **Cella**, ließ vermuten, die Elymer hätten die Anlage

Die perfekte Täuschung: In Segesta entstand ein Schein-Tempel ohne Kultraum

◁ *Mächtige Erscheinung – die dorische Säulenhalle von Segesta*

um 420 v. Chr. nur aus diplomatischen Interessen als Schein-Tempel konstruiert.

Segesta war eine der drei Hauptstädte der Elymer, Nachkommen der **Trojaner**, die mit *Aeneas* geflüchtet waren. Die Segestaner lagen seit dem 6. Jh. v. Chr. in ständigen Auseinandersetzungen mit *Selinunt* und galten als **Opportunisten**, die sich unterschiedlicher Bündnispartner bedienten. So hatten sie ihren Partner **Karthago** gegen Athen ausgespielt, und als sie 426 v. Chr. **Athen** um Hilfe gegen Selinunt anriefen, wollten griechische Abgesandte zunächst die Verlässlichkeit des Bundesgenossen prüfen. Segesta gaukelte Reichtümer vor, die es nicht besaß, und der dorische Tempel war wohl Teil dieses Betrugsunternehmens. Jedenfalls waren die Abgesandten beein-

druckt, und Athen schickte 250 Schiffe nach Sizilien. Zunächst blieb Segesta siegreich, aber bei der **Entscheidungsschlacht** 413 v. Chr. verlor Athen vor Syrakus seine gesamte Flotte. Segesta wandte sich jetzt den Karthagern zu, die Selinunt 409 v. Chr. zerstörten. Im Ersten Punischen Krieg kämpfte Segesta dann an der Seite Roms und wurde schließlich *römische Legionärsstadt*.

Die **antike Stadt** auf dem gegenüberliegenden *Monte Barbaro* ist bislang nur teilweise ausgegraben worden. Eine halbe Stunde Fußweg oder eine Fahrt mit dem Bus führt auf diesen Berg, dessen Pflanzenwelt im Frühling farbenprächtig blüht. In Panoramalage mit Blick auf Castellammare ist hier ein griechisches **Theater** (3. Jh. v. Chr.) in den Hang gebaut. Die von den Römern

Das erste Naturschutzgebiet auf Sizilien – die Riserva Naturale dello Zingaro

Badeurlaub am Kap

Nach Sizilien kommt man nicht der Strände wegen. Dennoch gibt es einige hübsche Badeplätze, z. B. zwischen Palermo und Trapani. Im Golf von Castellammare, an der schmalen Küstenstraße zum **Capo San Vito**, *erwacht im Sommer das Leben an den idyllischen* **Badebuchten**. *Am Nordzipfel des Capo San Vito locken ein weißer Sandstrand und smaragdgrünes Wasser. Die Ferienorte* **San Vito lo Capo**, **Castellammare del Golfo** *mit der ara-*

gonischen Festung und das hübsche **Scopello** *verheißen Urlaub und Erholung am Meer mitten im ›Freiluftmuseum Sizilien‹. Vor* **Tonnara di Scopello**, *dem früheren Thunfischhafen, ragen Felsen fotogen aus dem Wasser. In der Nähe liegt mit der* **Riserva Naturale dello Zingaro** *(tgl. 9–19 Uhr) auch Siziliens erstes Naturschutzgebiet, in dem ein 10 km langer Wanderpfad am Hang parallel zur Küste führt, vorbei an kleinen Badebuchten.*

Die alten Griechen verstanden es, zu bauen: Das Halbrund des Theaters von Segesta öffnet sich auf eine grandiose Landschaftsszenerie

erweiterte Anlage umfasst den halbrunden *Zuschauerraum* (Cavea), den *Bühnenraum* (Orchestra) und Reste des *Bühnenhauses* (Skene). Oberhalb des Theaters wurden Teile der Stadt ausgegraben und rekonstruiert.

 **7 Erice**

> *Liebestempel und Marzipangebäck in mittelalterlicher Hülle.*

Wie ein Adlernest mit spektakulärem Blick auf die Hafenstadt Trapani hockt **Erice** 751 m hoch über einem Schifffahrtsweg, auf dem sich schon Hellenen und Phönizier begegneten.

Die Elymer-Stadt *Eryx* war berühmt, denn sie besaß einen Tempel zu Ehren der **Erd-** und **Fruchtbarkeitsgöttin**, die von den Griechen *Aphrodite*, von den Karthagern *Astarte* und von den Römern *Venus Erycina* genannt wurde. Keine Spur ist geblieben, doch in der Normannenburg *Castello di Venere* (12./13. Jh.) sollen 1922 Reste des Tempels ausgegraben worden sein. Mit dem Kult für die Göttin war auch Tempelprostitution verbunden, die von ehrbaren jungen Frauen als *Liebesdienst* für das höhere Wesen geleistet wurde.

Zu den mit Erice in Verbindung stehenden **Mythen** gehören zwei Gründungslegenden. Zum einen soll König **Eryx**, ein Sohn der Aphrodite, die Stadt gegründet haben. Er wurde später von Herakles getötet. Zum anderen soll **Aeneas** hier seinen Vater Anchises beerdigt und seiner Mutter Aphrodite den Tempel gestiftet haben. Der geniale Baumeister *Daidalos* gilt als Erbauer des Tempels und der Stadtmauer, deren älteste Teile aus phönizischer Zeit stammen (um 1000 v. Chr.).

Wie im Schlaraffenland: In Erice gibt es an jeder Ecke Orangen, Zitronen und Bananen aus Marzipan

Lohnender Aufstieg: Blick vom normannischen Castello di Venere auf das Castello di Pepoli und Teile von Erice

Vom höchsten Punkt Erices, dem **Castello di Venere**, und dem gegenüberliegenden **Castello Pepoli** (19. Jh.) genießt man einen fantastischen *Rundblick*. Der benachbarte Park *Villa del Balio* lädt zu einer Ruhepause ein.

Erice selbst, im Mittelalter *Monte San Giuliano* genannt, präsentiert sich als altes Städtchen, vergleichsweise kühl und still. Steile kieselsteingepflasterte Straßen führen an Häusern mit blumengeschmückten Innenhöfen vorbei. Am Ortseingang steht nahe der *Porta Trapani* der Dom **La Matrice**, 1314 im Chiaramonte-Stil mit frei stehendem Campanile errichtet. Im **Museo Comunale Antonio Cordici** (tgl. 8–13.30, Do auch 14.30–17.30 Uhr) an der Piazza Umberto I ist neben archäologischen Funden wie dem berühmten *Aphrodite-Kopf* eine Verkündigungsgruppe von Antonello Gaggini (1525) sehenswert. *Souvenirlädchen* heitern mit bunten Auslagen die oft düsteren Gassen auf. Erice ist berühmt für die ›Pasta delle Mandorle‹, **Marzipangebäck**, das in vielen köstlichen Varianten von den Konditoreien des Ortes angeboten wird.

Gelegentlich begegnet man Teilnehmern einer internationalen Tagung, die im *Centro di cultura scientifica Ettore Majorana* stattfindet. Der sizilianische Naturwissenschaftler **Ettore Majorana** hatte 1938 seine bahnbrechenden Ergebnisse über die atomare Kernspaltung vernichtet und war spurlos verschwunden.

Die einzigartige Stille vertreibt in den Monaten Juli und August die **Settimana di Musica Medievale e Rinascimentale**, die Internationale Mittelalter- und Renaissance-Musikwoche, aus den Mauern. In fast allen Kirchen erklingen dann Lieder aus alter Zeit. Im Dezember wiederum versammeln sich beim **Rassegna Internazionale degli Strumenti Popolari** Volksmusikanten aus ganz Italien mit Hirtenflöten und Schalmeien, Mandolinen und Pfeifen.

Praktische Hinweise

Information: AAST, Viale Conte Agostino Pepoli 11, Tel. 09 23 86 93 88, Fax 09 23 86 95 44

Hotel

***Elimo**, Via Vittorio Emanuele 75, Tel. 09 23 86 93 77, Fax 09 23 86 92 52. Da es billige Bleiben in Erice nicht gibt – eine schöne Unterkunft in einem umgebauten Palast mit Marmor, alten Kacheln und Rohrmöbeln, begrüntem Hof und Terrasse. Einige Zimmer haben Panoramablick.

Restaurants

Hosteria di Venere, Via Sales 31, Tel. 09 23 86 93 62. Unterhalb des Stadtkerns in einem Hof gelegenes Restaurant. Schmackhafte Gerichte in großzügigen Portionen (Mi geschl.).

San Rocco, Via G. Filippo Guarnotti 23, Tel. 09 23 86 93 37. Beliebt wegen seiner ausgezeichneten Küche und seines rustikalen Ambientes in einem alten Gewölbe (Mi geschl.).

8 Trapani

Hafen mit barocker Altstadt und modernem Straßenraster am Rande der Salinen.

Wie eine Sichel liegt die Halbinsel des antiken **Drepanon** (griech. Sichel) im Meer, damals Hafen von Erice und **Flottenstützpunkt** der Karthager. Unter arabischer Herrschaft (ab 9. Jh.) ließen sich hier auch Juden nieder. Die Blüte Trapanis setzte sich während der normannischen und spanischen Regierungszeit fort. Im 15. Jh. begannen die Aragonesen mit dem Ausbau der im Süden gelegenen **Salinen**. Lange war auch der **Thunfischfang** ein einträglicher Industriezweig der Provinzhauptstadt (73 000 Einw.). Nach den großen Zerstörungen des Zweiten Weltkriegs entstand in den Außenbezirken von Trapani eine schachbrettartig angelegte Neustadt.

Auf der Halbinsel entfaltet die **Altstadt** barocken Charme. In einem der Restaurants am **Hafen** kann man bei einem *Fisch-Couscous* den Reiselustigen zuschauen. *Aliscafi* (Tragflügelboote) gehen von hier zu den Isole Egadi [s. S. 49], *Fährschiffe* sogar bis nach Tunis.

Fußgängerzone ist der **Corso Vittorio Emanuele** mit seinen Seitenstraßen. Spaziert man gen Westen auf die äußerste Spitze der Sichel zu, kann man die **Torre Ligny** erklimmen, einen Festungsturm mit Aussicht. Am anderen Ende des Corso steht die **Cattedrale San Lorenzo** (1635) mit einer barocken Fassade. Zwei Straßen weiter, in der Via Generale D. Giglio, leuchtet blaugrün die Majolikakuppel der **Chiesa del Purgatorio** (tgl. 16–18.30 Uhr). Die Kirche bewahrt 20 hölzerne Statuengruppen, Szenen aus der Passion Christi, die bei der berühmten **Processione dei Misteri**, der Karfreitagsprozession, 20 Stunden lang durch die Stadt getragen werden.

Häusermeer: Die moderne Stadtlandschaft von Trapani hat beinah amerikanisches Flair

Sant'Agostino an der Piazza Saturno ist ein schlichter Bau aus dem 14. Jh. mit gotischem Portal und einer sehr schönen Fensterrosette. Im jüdischen Viertel, an der Via Giudecca 43, steht mit dem **Palazzo Giudecca** ein Gebäude im Stil der katalanischen Spätgotik.

In der **Neustadt** (Via Conte A. Pepoli 200) liegt das **Santuario dell'Annunziata** (Mo–Sa 9–13, Di/Do auch 15–17.30, So 9–12 Uhr). Die 1315–32 errichtete Kirche wurde im 18. Jh. erheblich verändert. Das Ziel von Wallfahrern ist die hinter dem Chor gelegene *Kapelle*. Hier steht die Marmorstatue der wundertätigen ›**Madonna di Trapani**‹ (14. Jh.), ein Werk aus dem Umkreis Nino Pisanos.

In Kloster und Kreuzgang ist heute das **Museo Regionale Agostino Pepoli** (Mo–Sa 9–13.30, Di/Do auch 15–17.30, So 9–12.30 Uhr) untergebracht. Neben antiken Funden, Skulpturen und Kunsthandwerk werden Gemälde von Tizian, Paolo Veronese u. a. gezeigt. Eine bedeutende **Korallensammlung** erinnert an vergangene Zeiten, denn im 16. Jh. machten Korallenschmuckschleifer Trapani berühmt. Heute versuchen junge Künstler dieses Handwerk wieder zu beleben.

Gut betucht: österliche Mysterienprozession in der Chiesa del Purgatorio von Trapani

Die Passion Christi – sizilianisches Osterschauspiel

Das Leben auf Sizilien ist von zahlreichen religiösen Feierlichkeiten geprägt. Höhepunkt des Kirchenjahres ist die Karwoche. Die Volksfrömmigkeit offenbart sich in **Prozessionen** *und* **Mysterienspielen**, *die der Ereignisse vor mehr als 2000 Jahren gedenken und auf der ganzen Insel, in größeren wie in kleineren Ortschaften stattfinden. Unter großer Anteilnahme der Bevölkerung werden die Leiden Christi aufgeführt.*

Sehenswerte sizilianische Osterprozessionen werden am **Gründonnerstag** *in* **Caltanissetta** *und am* **Karfreitag** *in* **Trapani** *veranstaltet. Bruderschaften stellen mit historischen Figurengruppen aus Holz die einzelnen Stationen der Passion Christi nach und begleiten diese in einem feierlichen Umzug – ein Erlebnis, sicherlich nicht nur für gläubige Christen.*

Genau darin liegt jedoch der Kritikpunkt, der hin und wieder von Kirchenseite aus zu vernehmen ist. Die Prozessionen und Passionsspiele hätten im Laufe der Zeit viel von ihrer Religiosität verloren und seien teilweise zum reinen **Schauspiel** *verkommen – Theater für die immer größer werdende Schar von Besuchern aus Nah und Fern. Die Begeisterung der Sizilianer für ihre farbenprächtigen Prozessionen schmälert dies ebensowenig wie die Faszination der zahlreichen Touristen, die alljährlich zur Osterzeit nach Sizilien pilgern.*

Tagein, tagaus: Fischer im Hafen von Trapani bei ihrer täglichen Arbeit

Praktische Hinweise

Information: APT, Piazza Saturno, Tel. 0 92 32 90 00, Fax 0 92 32 40 04, Internet: www.apt.trapani.it

Schiff
Anlegestellen der Fähren und Aliscafi (Tragflügelboote) finden sich an der Mole bei der **Piazza Garibaldi**. Es bestehen regelmäßige Verbindungen zu den Isole Egadi und nach Pantelleria.

Hotel
Nuovo Albergo Russo, Via Tintori 6, Tel. 0 92 32 21 63, Fax 0 92 32 66 23. Angenehmes Hotel in einer stillen Seitenstraße des Corso Vittorio Emanuele.

Restaurant
Trattoria del Porto, Via Ammiraglio Staiti 45, Tel. 09 23 54 78 22. Couscous mit Fisch sowie die gegrillten und gefüllten Tintenfische sind empfehlenswert (Mo geschl.).

9 Isole Egadi und Pantelleria

Die zu Trapani gehörigen Inselchen sind gut für den Urlaub von der Insel.

Die Trapani im Westen vorgelagerten Ägadischen Inseln gehören zum gebirgigen Rückgrat Siziliens. Seit der Frühzeit sind sie besiedelt, ihre Bewohner lebten in der Neuzeit vom Fischfang und Korallenabbau. Die von Kalksteinmassiven bestimmte Landschaft, idyllische Orte und Wassersportmöglichkeiten sind ihre touristischen Pluspunkte.

Favignana
Der heiße Frühlingswind ›Favonio‹ gab der größten Insel (3500 Einw.) ihren Namen. Rundfahrten und Bootsausflüge zu den zahlreichen Grotten ergänzen das Wassersportangebot. Berühmt ist Favignana wegen der **Mattanza**, der blutigen Thunfischjagd, die zwischen *Mai* und *Juni* stattfindet. Wenn die Schwärme zum Laichen ins flache Wasser kommen, werden sie in Netze getrieben und mit Speeren getötet. Da die Bestände durch Überfischung stark zurückgegangen sind, lebt die jahrhundertealte Tradition der Mattanza heute als folkloristisches *Spektakel* fort (Info: Pro Loco, Piazza Matrice 8, Tel. 09 23 92 16 47).

Levanzo
Die kleine Insel ohne Autoverkehr (200 Einw.) liegt 4 km nördlich von Favignana. In der **Grotta del Genovese**, die man nur mit einem Boot erreichen kann, sind steinzeitliche *Höhlenmalereien* zu besichtigen.

Marettimo

Bergig, hübsch, aber eher unspektakulär ist die 38 km von Trapani entfernt liegende Insel (800 Einw.). Für den sich entwickelnden Tourismus sind vor allem die Tropfsteinhöhlen interessant.

Pantelleria

Die ›Schwarze Perle des Mittelmeeres‹ liegt isoliert, 110 km von Sizilien, aber nur 70 km von Afrika entfernt. Pantelleria (8000 Einw.) wird beherrscht von **Vulkankratern** und besitzt kleine schwarze *Badebuchten*. Die meisten Sommergäste kommen zum **Tauchen**. Die Geschichte der Insel wird u. a. in den Ausgrabungen von Mursia (Gräbertürme des Neolithikums) lebendig. Pantelleria ist vor allem bekannt für seinen feurigen Moscato-Wein.

Praktische Hinweise

Information: s. Trapani, S. 49

Schiff

Von Trapani bestehen regelmäßige Fährverbindungen zu den Isole Egadi und nach Pantelleria – auch mit Aliscafi (Tragflügelbooten).

Flughafen

Pantelleria wird von Trapani und Palermo aus angeflogen.

10 Mozia

Idyllische Insel mit den Resten einer phönizischen Hafenstadt und mit einer schönen, rätselhaften Statue.

Die Küstenstraße Richtung Marsala führt an den **Salinen** von Trapani vorbei. Am Rand der Trockenbecken sieht man Windmühlen und die mit Tonziegeln abgedeckten Salzberge. In der Windmühle von **Nubia** informiert das **Museo del Sale** (tgl. 9–12 und 15–18 Uhr) über die Salzgewinnung und die Tierwelt des Feuchtgebiets.

Auf der Insel **San Pantaleo** (Bootsservice auf Zuruf vom Landungssteg 9–13 und 15–18 Uhr) liegen die Ausgrabungen der phönizischen Hafenstadt *Motya*, heute **Mozia** genannt. Sie wurde im 8. Jh. v. Chr. gegründet und war wichtigster Stützpunkt der Karthager gegen die Griechen. Erst 397 v. Chr. wurde Mozia von Dionysios I., Tyrann von Syrakus, erobert. Die Einwohner siedelten ins Ge-

biet des heutigen Marsala um und gründeten dort das antike *Lilybaeum*.

Der englische Marsala-Produzent **Joseph Whitaker** kaufte die Insel 1906 und begann mit den Ausgrabungen. Heute sind die Scavi di Mozia zu besichtigen. Der Rundgang startet gleich rechts von der Anlegestelle. Beachtliche Reste der **Stadtmauer**, die mit Türmen und Bastionen befestigt war, ziehen sich rund um Mozia. Von den erhaltenen Stadttoren ist das wehrhafte **Nordtor** am eindrucksvollsten. In der Nähe befinden sich Reste eines großen *Tempels* der Tanit. Außerhalb der Stadtmauer ist eine **Nekropole** auszumachen, deren Grabbeigaben auf Handelsverbindungen mit Attika, Korinth und Kleinasien hinweisen. Im Südwesten, neben einem weiteren Stadttor, führt ein Stichkanal aus einem künstlichen **Binnenhafen** ins Meer. Im **Museo G. Whitaker** werden die Funde Mozias präsentiert. Das spek-

Links: *Mehr Afrika als Europa: Pantelleria liegt nur 70 km vor der tunesischen Küste*

Unten: *Besonders schön sind sie bei Sonnenuntergang: die Windmühlen der Salinen bei Trapani*

Eindrucksvolle Überreste einer alten Kultur: das phönizische Motya (Mozia)

takulärste Ausstellungsstück – eine griechische Marmorstatue (5. Jh. v. Chr.) – wurde erst 1979 entdeckt; sie stellt vermutlich einen karthagischen Priester dar. Außergewöhnlich sind das feine, eng anliegende Gewand und die erotisch wirkende Haltung der rätselhaften Figur.

11 Marsala

Stadt der Erfolge: Erst kam der Wein, dann der Befreier Garibaldi.

Der **Dessertwein** hat den Ortsnamen – die Araber nannten ihn Marsa-al-Allah,

Abgefüllt: In diesen Fässern wird der Dessertwein Marsala über Jahre gelagert

Hafen Gottes – berühmt gemacht. Der Engländer **John Woodhouse** legte die Grundlagen zu dieser Weinproduktion 1773, um dem *Portwein* Konkurrenz zu machen. Marsalas Kellereien werden *Bagli* oder *Stabilimenti* genannt und laden zu Weinproben ein. In alten Eichenfässern entsteht der Likörwein mit bis zu 24% Alkoholgehalt nach einer Lagerung von einem bis zehn Jahren. Je nach Reife wird er als *Marsala Vergine*, *Fino*, *Speciale* oder *Superiore* bezeichnet. Neben den eher trockenen Weinen gibt es auch zahlreiche süße Varianten.

Marsalas antiker Hafen **Lilybaeum** war nach der Eroberung Mozias wichtigster Stützpunkt der Karthager auf Sizilien. Nach dem Ersten Punischen Krieg wurde er 241 v. Chr. römischer **Kriegshafen**. Bedeutend blieb die Stadt auch im Mittelalter unter den Arabern und Normannen. Karl V. ließ den Hafen zuschütten, aus Angst vor algerischen Seeräubern. Da er aber im 18. Jh. wieder in Betrieb genommen wurde, konnte **Giuseppe Garibaldi** am 11. Mai 1860 mit seinen ›Mille‹, den 1000 Freiwilligen, hier landen und den Widerstand der Bourbonen brechen. Von Sizilien aus setzte Garibaldi seinen **Befreiungszug** durch Italien fort.

Die **Insula Romana** am Capo Boeo bezeichnet die Lage Lilybaeums. Zu den römischen Wohnquartieren gehört auch eine Thermenanlage (3. Jh. n. Chr.).

Nahebei befindet sich das **Museo Archeologico Baglio Anselmi** (tgl. 9–13.30 und Mi/Fr–So auch 16–19 Uhr). Prunkstück der archäologischen Sammlung – untergebracht im früheren Baglio Anselmi – sind Reste eines **punischen Schiffes** aus dem 3. Jh. v. Chr. Nicht weniger als 68 Ruderer sollen nötig gewesen sein, um das 120-Tonnen-Schiff zu bewegen.

Durch eines der Stadttore gelangt man in die aparte Altstadt mit der *Piazza Repubblica*. Diese wird beherrscht vom **Palazzo Pretorio** (18. Jh.), der eine hübsche Loggia besitzt, und vom barocken **Duomo San Tomaso**, der Heiligenstatuen der Familie Gaggini birgt. Acht kostbare **Flämische Gobelins** werden im **Museo degli Arazzi** (an der

Rückseite des Domes, Di–So 9–13 und 16–18 Uhr) gezeigt. Sie sind vermutlich ein Geschenk Philipps II. von Spanien an den späteren Erzbischof von Messina, Giovanni Antonio Lombardo, der die Teppiche 1589 seiner Geburtsstadt Marsala vermachte. Die Wandteppiche, 1563 in der Brüsseler Werkstatt von Cornelis Tons nach Vorlagen des Flamen Pieter de Kempeneers gewirkt, stellen Szenen aus dem **Jüdischen Krieg** (1. Jh. n. Chr.) dar, in dessen Verlauf die Römer Jerusalem eroberten.

Praktische Hinweise

Information: APT, Via XI. Maggio 100, Tel./Fax 09 23 71 40 97, Internet: www.comune.marsala.org

Goldenes Zeitalter des sizilianischen Barock: der elegante Dom von Marsala

Im Zeichen des Kreuzes: Cattedrale Santissimo Salvatore in Mazara del Vallo

Hotels

**Villa Favorita, Via Favorita 27, Tel. 09 23 98 91 00, Fax 09 23 98 02 64. Gepflegte Bungalowanlage, etwas vom Zentrum entfernt, mit erstklassigem Restaurant.

Villa Rallo, Via Trapani 251, Tel. 09 23 73 63 51. Günstiges Bed & Breakfast mit drei Gästezimmern in charmanter Privatpension am Meer.

Restaurant

Pizzeria Capo Lilybeo, Lungomare Boeo 46, Tel. 09 23 71 54 19. Schmackhafte sizilianische Küche in einem alten Gewölbe mit Blick auf das Meer.

12 Mazara del Vallo

Größter Fischereihafen Siziliens mit viel afrikanischem Flair.

Die phönizische Hafenstadt, die sich seit 409 v. Chr. im Besitz der Karthager befunden hatte, wurde 827 von den **Arabern** als erster sizilianischer Ort erobert. Die islamische Herrschaft begründete eine wirtschaftliche Blüte, die sich unter den Normannen fortsetzte. Roger I. hielt hier 1097 das erste normannische **Parlament** ab.

Heute scheint Mazara, einer der bedeutendsten italienischen Fischereihäfen, wieder in arabischer Hand. In der vom Verfall gezeichneten **Kasbah** leben Hunderte von Nordafrikanern, die z. T. illegal eingewandert sind. Die meisten von ihnen arbeiten als Fischer oder im Weinbau.

Ein unendlicher Mastenwald ragt über dem Wasser des **Porto di Canale** in den Himmel, es riecht wie an allen Fischereihäfen nach Salz, Tang und Fisch.

Die kleine normannische Kirche **San Nicolò Regale** (12. Jh.), ein quadratischer Bau im byzantinischen Stil, liegt an der Ostseite des Kanals.

An der **Piazza della Repubblica**, dem barocken Zentrum der Stadt, stehen der Bischofspalast, ein Seminargebäude mit zweistöckiger Bogenloggia und die **Cattedrale Santissimo Salvatore**. Der normannische Bau (um 1086) wurde im 17. Jh. barock erneuert, nur die Apsis und das Portalrelief mit ›Roger I. zu Pferde‹ zeigen noch alte Züge. Im nahe gelegenen Giardino Jolanda sind Reste der normannischen **Festung** von 1072 erhalten.

Praktische Hinweise

Restaurant

Baby Luna, Via Ounica 1, Lungomare Mazzini, Tel. 09 23 94 86 22. Neben der Kathedrale am Ufer wird, so sagen Sizilianer, das beste Fisch-Couscous weit und breit serviert. Mit großer Terrasse (Mo geschl.).

13 Selinunt

Traumbild der Antike – Tempelruinen mit Blick auf Meer und Dünen.

Der Besuch Selinunts (ital. Selinunte) gehört zu den Höhepunkten einer Sizilienreise. Eine friedliche *Landschaft* senkt sich zum Meer, der Wind türmt Sanddünen auf. Und aus solchen Dünen wurden Teile der **antiken Stadt** ausgegraben. Noch immer wächst hier der wilde Sellerie (griech. *selinon*), der der Stadt und einem der beiden Flüsse den Namen gab – selbst auf antiken Münzen erscheint ein Sellerieblatt. Noch immer duftet der Rosmarin und im Frühjahr gibt ein Blütenmeer den alten Steinen die malerische Kulisse. Das 284 ha umfassende **Ausgrabungsgelände** ist das größte Europas und mit Sicherheit eines der idyllischsten. Das kleine Fischerdorf **Marinella di Selinunte** und sein schöner Strand laden zum Verweilen ein. Doch abgesehen von Busladungen voller Tagesbesucher und den sizilianischen Badegästen im Sommer ist es hier eher ruhig.

Geschichte Das fruchtbare Ackerland war sicher der Grund, warum dorische Griechen aus **Megara Hybleia** sich um 650 v. Chr. hier, nahe des karthagischen Hoheitsgebiets, ansiedelten, Häfen anlegten und durch Export schnell reich wurden. Innerhalb eines Jahrhunderts – zwischen **550** und **450 v. Chr.** – errichteten sie acht dorische Tempel. Solcher Wohlstand provozierte Neid und Rivalität und führte immer wieder zu kriegerischen Grenzkonflikten mit **Segesta**. Als 409

Farben für die Götter

Dem heutigen Betrachter präsentieren sich antike Tempel und Skulpturen in vornehmer Blässe, und es fällt schwer, sie sich im Originalzustand, d. h. bunt bemalt, vorzustellen. Die »edle Einfalt und stille Größe«, welche der erste große Archäologe Johann Joachim Winckelmann den antiken Werken zuschrieb, war in bezug auf ihre Farblosigkeit eine Illusion. Denn die **Polychromie** *griechischer Tempel – eine reiche Bemalung in Rot, Blau, Schwarz und Grün – lässt sich an Funden wie dem farbenfrohen plastischen Giebeldekor des* **Herakles-Tempels** *von Selinunt nachweisen. Die in Ermangelung von Marmorvorkommen aus Kalkstein erbauten Tempel Siziliens wurden mit Marmorstuck verputzt und dann bemalt. Eine gute Vorstellung vom Aussehen eines solchen archaischen Tempels gibt das* **Modell des Apollon-Tempels** *von Syrakus im dortigen Museo Archeologico [s. S. 86].*

v. Chr. Hannibal den Segestanern zu Hilfe kam, wurde Selinunt erobert und Untertan der **Karthager**. 250 v. Chr. zerstörten sie endgültig die Stadt, um sie dem Zugriff der Römer zu entziehen und siedelten die Bewohner nach Lilybaeum (Marsala) um. Ein **Erdbeben** im 6. Jh. n. Chr. trug dazu bei, die Spuren Selinunts für lange Zeit auszulöschen.

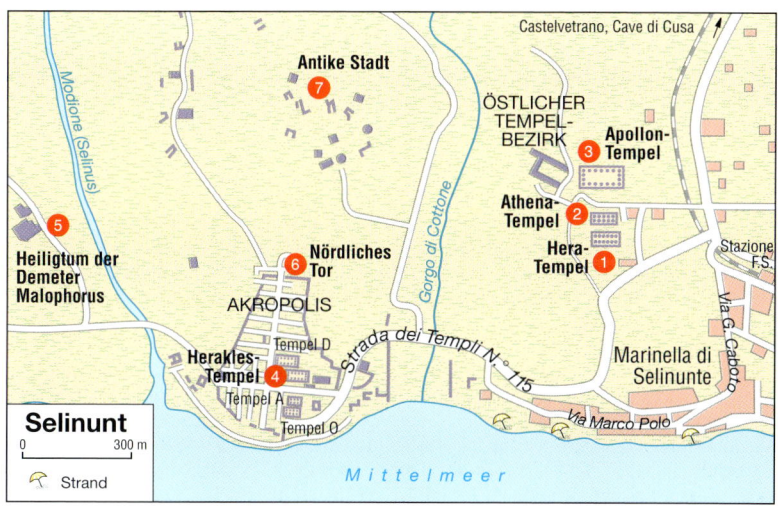

Funde wie Öllämpchen mit dem Christusmonogramm belegen, dass das Gebiet in frühchristlicher Zeit besiedelt war, auch Araber hatten sich später hier niedergelassen. Das antike Selinunt wurde jedoch erst im 16. Jh. wieder entdeckt. Lange dienten die eingestürzten Tempel als **Steinbruch**, erst König Ferdinand IV. verbot 1779 deren Nutzung. Englische, deutsche und italienische Archäologen begannen im 19. Jh. mit Ausgrabungen, die ersten Metopen wurden 1822 entdeckt. Als Teil der **Rekonstruktionsarbeiten** richtete man zunächst eine Säulenreihe des *Herakles-Tempels* auf der Akropolis (1927) und schließlich den gesamten *Hera-Tempel* (1958) wieder auf. Während die Grabungen in der *antiken Stadt* andauern, können die zwischen den versandeten Häfen liegende **Akropolis**, das außerhalb der Stadt gelegene **Demeter-Malophoros-Heiligtum** und der Östliche Tempelbezirk besichtigt werden (alle tgl. 9 Uhr – 1 Std. vor Sonnenuntergang).

Östlicher Tempelbezirk

Ein mächtiger Erdwall mit einem optisch wirkungsvollen Eingangstor grenzt den Östlichen Tempelbezirk – er lag außerhalb des antiken Selinunt – gegen die Straße ab.

Die ausgetretene antike Straße führt zu einem gigantischen Trümmerfeld aus dem sich der **Hera-Tempel** ❶ (Tempel E) erhebt. Als jüngster dieser Gruppe um 465 – 450 v. Chr. erbaut, handelt es sich

um einen Ringhallen-Tempel (Peripteros) des klassischen Stils mit je 6 Säulen an den Schmal- und 15 Säulen an den Langseiten. Außerdem sind auch Teile des Gebälks und der Cella wieder aufgerichtet worden. Die eindrucksvollen **Metopen**, u. a. ›Hochzeit von Hera und Zeus‹, befinden sich im **Museo Archeologico Regionale** in Palermo [s. S. 29]. Sie waren an der Front- und Rückseite (Pronaos und Opisthodom) der Cella angebracht. Im **Inneren** der Cella befand sich als abgeschlossener Raum das **Adyton** genannte Allerheiligste mit der Kultstatue der Hera. Vom Tempel aus hat man einen wunderbaren Blick auf die vom Meer gerahmte Akropolis.

Als erstes Gebäude in diesem Bezirk entstand um 530 v. Chr. der **Athena-Tempel** ❷ (Tempel F). Er stellte insoweit eine Sonderform dar, als er überaus schlank in Grundriss und Aufbau war und die Säulenhalle mit halbhohen Zwischenwänden nach außen abgeschlossen wurde. **Metopen** mit Darstellungen aus der ›Gigantomachie‹ (Kampf der Götter gegen die Giganten) befinden sich ebenfalls in Palermo.

Eines der größten Bauvorhaben der griechischen Antike – neben den Tempeln in *Ephesos* und *Didyma* – war der **Apollon-Tempel** ❸ (Tempel G), heute ein riesiger, eindrucksvoller Trümmerhaufen. Mit einem **Umfang** von 50 × 110 m und einer **Höhe** von 30 m geplant, wurde er

Auch nachts kaum zu übersehen: der majestätische Hera-Tempel von Selinunt

um 520 v. Chr. begonnen. Als um 470 v. Chr. die Arbeiten eingestellt wurden, war der Kolossal-Tempel jedoch keineswegs vollendet, worauf z. B. die unkannelierten Säulen hinweisen. Ein besonderes Erlebnis ist es, im Inneren des Tempels herumzuklettern. Die gewaltigen Kapitelle, Säulen und Gebälkteile wirken wie Spielzeug der Giganten.

Akropolis

Über die Strada dei Templi gelangt man zum heutigen Eingang der Akropolis von Selinunt. Von einer mächtigen **Wehrmauer** umgeben und von den zwei versandeten Häfen flankiert, liegt der Tempelberg (Tempel 0, A – D) direkt am Meer. Die hohe, abgestufte **Stützmauer** rechts vom Eingang stammt aus der frühesten Befestigungsphase (7./6. Jh. v. Chr.). Vorbei an Resten kleinerer Tempel gelangt man zum **Herakles-Tempel** ➍ (Tempel C), der als ältester der Stadt um 550 v. Chr. erbaut wurde. Die 1927 wieder aufgerichtete Säulenfolge verdeutlicht Merkmale des **archaischen Baustils**. Im Unterschied zu den klassischen Formen des Hera-Tempels herrschen hier in allen Bauteilen und den Proportionen große Volumen und Schwere vor, manche *Säulen* sind sogar noch monolithisch (aus einem Stück gefertigt), während sie später aus Trommeln zusammengesetzt

werden. Auch die **Metopen** im Palermitaner Museo Archeologico, u. a. ›Herakles und die Kerkopen‹, weisen diese Stilmerkmale auf. Im bunt bemalten Giebelfeld des Tempels wachte einst die Gorgo **Medusa** [s. S. 29].

Im sog. *Hippodamischen System* angelegte, sich rechtwinklig kreuzende Straßen erschließen das 30 000 m² große Akropolis-Areal. Hippodamos aus Milet hatte diese modern anmutende Stadtplanung nach Sizilien gebracht.

Beim Herakles-Tempel führt eine Straße nach Westen. Außerhalb der Akropolis zweigt ein Weg ab zum **Heiligtum der Demeter Malophorus** ➎, der Erd- und Fruchtbarkeitsgöttin. Der heilige Bezirk – ein bedeutender Kultplatz der griechischen Welt – liegt am Weg zur Nekropole von Selinunt und ist dem Totenkult gewidmet. Demeter wurde hier gemeinsam mit ihrer Tochter und Göttin der Unterwelt **Persephone** verehrt [s. S. 71]. Zum ummauerten Areal, dem *Temenos,* gehören Opferaltäre und ein Tempel. Vor dem dorischen *Propylon* (Eingangshalle) und links neben einem Brunnen sind Reste des kleinen **Hekate-Heiligtums** erhalten. Hier wurde die Göttin verehrt, die mit ihren Fackeln den Toten den Weg ins Jenseits leuchtete. Hinter dem Demeter-Tempel liegen Reste des **Zeus-Meilichios-Heiligtums**; gehuldigt wurde hier dem todbringenden Sühnegott Zeus.

*Die größte Ausgrabungsstätte Europas:
Auf der Akropolis von Selinunt liegen dem
archaischen Herakles-Tempel antike Fund-
stücke wie Spielzeug zu Füßen*

Zurück auf der Akropolis gelangt man
über die Nord-Süd-Achse, vorbei an
Resten von Wohnhäusern, zum **Nördlichen Tor** ❻, das einst Teil einer eindrucksvollen und mächtigen Wehranlage
war, die nach 409 v. Chr. errichtet wurde.
Jenseits erstreckt sich das Gebiet der
Antiken Stadt ❼, die noch unter den
Dünen begraben ist.

Bei Campobello di Mazara, 18 km nordwestlich von Selinunt gelegen, befinden
sich die antiken Steinbrüche **Cave di
Cusa**. Auf diesem Gelände wurden Säulen für den Apollon-Tempel von Selinunt
hergestellt. Verschiedene Arbeitsstadien
sind hier durch Arbeitsspuren und Fund-
stücke dokumentiert, von den flachen
Rinnen, die den Radius der Säulen vor-
gaben, über bereits aus dem Kalkstein
gearbeitete Schäfte bis zu den fertigen
Trommeln, die wie gigantische Steinrei-
fen auf dem Weg liegen.

Praktische Hinweise

Hotels
***Garzia**, Via Pigafetta 6,
Tel. 0 92 44 60 24, Fax 0 92 44 61 96.
Hinreichend komfortables Haus. Im
Hotel-Restaurant regieren Fischgerichte.
Nuovo Albergo Lido Azzurro,
Via Marco Polo 98, Tel./Fax
0 92 44 62 56. Kleine, preisgünstige Her-
berge an der Küstenstraße. Gegenüber
liegt das gleichnamige Fischrestaurant
mit Terrasse am Meer.

Restaurant
Pierrot, Via Marco Polo 108,
Tel. 0 92 44 66 88. Eine gute Adresse für
Fischgerichte – wird jedoch von Bus-
ladungen voller Tagestouristen über-
schwemmt. Freitags Couscous.

 14 Gibellina

*Eine Retortenstadt mit monumen-
talem künstlerischen Anspruch.*

Nördlich von Selinunt nahe **Salemi** liegt
bis heute eine unschöne Hinterlassen-
schaft des verheerenden Erdbebens, das
in der Nacht zum 14. Januar 1968 zahlreiche Ortschaften im Belice-Tal zerstörte: Die Betonterrassen der mittlerweile verlassenen Baracken, in denen die
obdachlosen Einwohner von Gibellina
mehr als 15 Jahre lang lebten, obwohl der
Staat Geld zum Wiederaufbau zur Ver-
fügung gestellt hatte. Doch es versickerte
wie so oft auf Sizilien in den Händen von
Verwaltungsbeamten. Wein- und Obst-
plantagen bestimmen daneben das
gegenwärtige Bild des Belice-Tales. Die
zerstörten Orte sind längst in der sicheren Ebene als **Kunststädte** nach Plänen
berühmter Architekten wie Paolo Porto-
ghesi und Vittorio Gregotti wieder er-
standen.

Als Stadttor von **Gibellina Nuova**
fungiert Pietro Consagras Stahlskulptur
Porta di Ferra (1980). Der damalige
Bürgermeister Ludovico Corrao hatte
italienische Künstler eingeladen, die neue
Stadt mitzugestalten, und sie stifteten der
bäuerlichen Bevölkerung **moderne Mo-
numental-Kunst** im Überfluss, stellten
mit der Kirche **La Grande Sfera** eine

futuristische Kugel auf, als Zitat arabischer Formen (Ludovico Quaroni). Dieses Werk ragt wie eine bedrohlich blendende Sonne hinter den klaren Formen des **Museo d'Arte Contemporanea** auf, in dem weitere von den Künstlern gestiftete Werke gezeigt werden. Ein Erdrutsch wird im **Meeting** von Pietro Consagra und Alberto Zammatti nachempfunden. Selbst kurze, bunte Flügel können der **Torre civica** (Alessandro Mendini) auf der menschenleeren **Piazza del Comune** (Pietro Consagra) die Erdenschwere des grauen Zementkörpers nicht nehmen.

Englische Gartenstädte lieferten das Vorbild für die in Sizilien einzigartige **Stadtstruktur** mit zweistöckigen Reihenhäusern, Gärten und breiten Straßen. Die leeren Plätze wirken z. T. unfertig, und manche Kunstwerke zeigen inzwischen schon Alterserscheinungen.

Auch Stern von Gibellina genannt – die gigantische Stahlskulptur ›Porta di Ferra‹ schuf Pietro Consagra 1980

16 km durch die Berge sind es zum alten **Gibellina**, einer Ruinenlandschaft, in der der gepflegte Friedhof merkwürdig lebendig wirkt.

Mit mehreren hundert Quadratmetern Beton hat der umbrische Künstler **Alberto Burri** die Stadt selbst in ein riesiges Grab verwandelt. **Il Cretto**, das ursprünglich weiße, weithin sichtbare Mahnmal, hat sich mittlerweile farblich der Umgebung angepasst. Kanalartige Gänge führen über die mittelalterlichen Straßenzüge zum Zentrum des damaligen Ortes.

Im Sommer wird das Kunstwerk zur Bühne, wenn zur **Orestiade** renommierte Regisseure eingeladen werden, damit sie eine Inszenierung der ›**Orestie**‹ von Aischylos gestalten. Ariane Mnouchkine, Peter Stein und Robert Wilson waren schon da (Info: Fondazione Orestiadi di Gibellina, Baglio di Stefano, Gibellina, Tel. 0 92 46 78 44).

Liebhaberstück: Neben den wunderschönen Tempeln gehört der bunte Fiat 500 zu den gefragtesten Fotomotiven Selinunts

Agrigent und die Mitte Siziliens – Landschaften voller göttlicher Geschichten

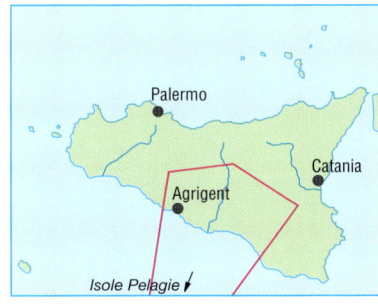

Wer sich **Agrigent** von Selinunt aus nähert, gerät über eine Autobahn, die auf hohen Stelzen schöne Täler überfliegt, schnell in eine moderne, lärmende Stadt. Der ersten Enttäuschung über die gesichtslose Hochhausarchitektur folgt die Versöhnung, wenn man über schmale Treppen und Gassen das Herz der Altstadt entdeckt. Die eigentliche Attraktion ist jedoch das **Valle dei Templi**, das Tal der Tempel, mit fünf innerhalb von nur einem Jahrhundert errichteten griechischen Heiligtümern, die zu den bedeutendsten antiken Hinterlassenschaften Siziliens zählen.

Landschaftlich reizvoll ist die Fahrt von Agrigent ins Landesinnere. Lässt man die Küste hinter sich, so zeigt Sizilien schon bald ein anderes Gesicht. Die Straße verläuft durch eine hügelige, fruchtbare Region, hier und da liegen Dörfer einsam auf Bergkuppen. Die Stadt **Enna**, geographischer Mittelpunkt der Insel und 950 m hoch gelegen, gewährt an klaren Tagen Aussichten sowohl zu den *Madonie* im Norden als auch zum *Ätna* im Osten. In der Nähe von **Piazza Armerina** wurden in der **Villa Romana del Casale** einzigartige Mosaike ausgegraben, sehenswert ist auch die Keramik-Stadt **Caltagirone**, wo Mauern, Brücken und Häuser mit heimischer Keramik geschmückt sind.

15 Agrigent

Plan Seite 63

Einst schönste Stadt der Sterblichen beeindruckt Agrigent heute noch mit dem schönsten Tempel Siziliens.

Die Stadt Agrigent (ital. Agrigento), durch illegale Bauten im Tal der Tempel verschandelt, hat sich gewehrt. Im Januar 2001 kamen Bagger, die zunächst sechs von 700 unrechtmäßig erbauten Gebäuden beseitigten – und das war nur der Anfang. So zählt die Stadt an der Südküste Siziliens wieder uneingeschränkt zu den ganz großen touristischen Highlights, vor allem aber dank der glanzvollen Vergangenheit des antiken Akragas, 2 km südlich der modernen Ansiedlung gelegen. Gleich **fünf Tempel** entstanden innerhalb einer kurzen Blütezeit entlang der antiken Stadtmauer, der *Concordia-Tempel* gehört gar zu den imposantesten und besterhaltenen griechischen Tempeln überhaupt.

Geschichte Um 582 v. Chr. gründeten griechische Kolonisten aus dem benachbarten Gela Akragas auf zwei Hügeln in der Nähe des gleichnamigen Flusses. Das fruchtbare Hinterland und die Nähe zum Meer ermöglichten einen raschen wirtschaftlichen Aufschwung. Unter dem Tyrannen **Phalaris** (570 – 554 v. Chr.), erster namentlich bekannter Herrscher von Akragas, erlebte die Stadt eine erste Blüte und dehnte ihren Machtbereich bis in karthagisch besiedeltes Gebiet aus. Vermutlich entstand in jener Zeit die Stadtmauer, die unterhalb der später errichteten Tempel zwischen zwei Flusstälern verlief.

Die Herrschaft des Tyrannen **Theron** (488 – 472 v. Chr.) läutete dann die Glanzzeit von Akragas ein. Zusammen mit seinem Schwiegersohn, *Gelon von Syrakus*, errang er 480 v. Chr. in der *Schlacht von Himera* einen bedeutenden Sieg über die Karthager. Mit Reichtümern und karthagischen Kriegsgefangenen ausgestattet, begann man mit dem Bau der berühmten Tempel. Auf einer Hügelkette zum Meer hin gelegen, wurden die Hei-

◁ *Sie verhalfen der Ausgrabung zu Weltruhm: die Bikini-Mädchen aus der Villa Romana del Casale*

Von edler Einfachheit und göttlicher Größe

Von den verschiedenen Tempelformen und Säulenordnungen, die sich in der griechischen Baukunst schon früh entwickelten, begegnet ein Typus den Reisenden in Sizilien und Unteritalien immer wieder: der Peripteros (Ringhallen-Tempel) **dorischer** *Säulenordnung.*

Fern der Heimat hielten die Kolonisten im Wesentlichen an den im griechischen Mutterland entstandenen Bauformen fest. Im Tempelinneren, der **Cella** *oder dem Naos, den man durch einen kleinen Vorraum, den Pronaos, betrat, war das* **Götterbild** *aufgestellt. Der dem Pronaos entsprechende rückseitige Raum heißt Opisthodom. Beim* **Peripteros** *wird die Cella von einem einfach umlaufenden Säulenkranz umgeben. Die* **Säulen** *des dorischen Tempels erheben sich ohne Basis und Plinthe (Sockel) direkt auf einem mehrstufigen Unterbau. Das dorische* **Kapitell** *setzt sich zusammen aus dem bauchigen Wulst, Echinus genannt, und der quadratischen Deckplatte, dem Abakus. Das Gebälk besteht aus einem schmucklosen Tragbalken, dem Architrav, und dem darüber liegenden* **Metopen-Triglyphen-Fries***. Bei diesem Fries wechseln Triglyphen, schmale, dreifach vertikal eingekerbte Platten, und die breiteren, skulptierten Metopen einander ab. Weiterer Skulpturenschmuck ist im* **Tympanon***, dem Giebelfeld, angebracht.*

Die griechischen Kolonien in Unteritalien und Sizilien kamen durch Handel und militärische Erfolge rasch zu Reichtum. Die Siedler dankten den Göttern durch Tempelbauten, die z. T. gigantische Ausmaße erreichten. Im griechischen Mutterland ist nichts erhalten, was mit der Fülle an monumentalen Tempeln in **Agrigent** *und* **Selinunt** *sowie im süditalienischen Paestum vergleichbar wäre.*

Exemplarisch kann man in Agrigent die stilistische Entwicklung des dori-

schen Tempels von der **Archaik** *(700– 500 v. Chr.) zur* **Klassik** *(500–330 v. Chr.) studieren. Innerhalb nur weniger Jahrzehnte entstanden hier drei dorische Tempel. Der älteste von ihnen, der um 500 v. Chr. datierte* **Herakles-Tempel***, besitzt noch alle Merkmale der Spätarchaik, eine lang gestreckte Cella und einen Kranz von 6 zu 15 Säulen. Seine Kapitelle formen einen aus-*

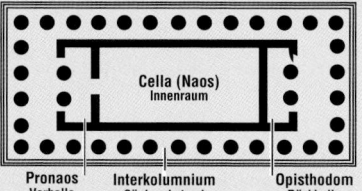

Cella (Naos)
Innenraum

Pronaos
Vorhalle

Interkolumnium
Säulenabstand

Opisthodom
Rückhalle

ladenden Echinus aus. Die beiden anderen Heiligtümer, der Mitte des 5. Jh. errichtete **Hera-Tempel** *und der zwischen 450 und 425 v. Chr. erbaute* **Concordia-Tempel***, gehören der Klassik an, wobei letzterer in Formen und Proportionen zugleich deren höchste Vollendung präsentiert. Die Cella und die Ringhalle (6 zu 13 Säulen) haben die archaische Längsstreckung aufgegeben. Die dorischen Säulen werden nun schlanker, der Echinus verliert seine Schwellung. Der Abstand zwischen den einzelnen Säulen, das Interkolumnium, wird gegenüber dem archaischen Bau verringert.*

Der **Zeus-Tempel** *von Agrigent hingegen weicht erheblich von typischen dorischen Ringhallen-Tempel ab. Dieser* **Pseudo-Peripteros** *besitzt keine Rundsäulen, sondern auf allen vier Seiten mit der Cellawand verbundene Halbsäulen. Ungewöhnlich sind ebenfalls die zwischen den Halbsäulen ruhenden Gebälkträger und der Grundriss von 7 zu 14 Säulen.*

ligtümer zum weithin sichtbaren *Symbol des Triumphes* der Griechen über die Karthager. *Pindar*, wohl der bedeutendste griechische Lyriker, besang das Akragas jener Tage in der 12. Pythischen Ode als »glanzliebende, schönste der sterblichen Städte.«

Eine Zeit großen Wohlstands folgte: »Die Agrigentiner essen, als ob sie morgen sterben, und sie bauen, als ob sie ewig leben wollten«, sagte Empedokles (483–423 v. Chr.), Philosoph, Arzt und demokratischer Regent nach dem Tod Therons. Doch die Blütezeit des antiken

Akragas war nur von kurzer Dauer – dem raschen Aufstieg folgte ein ebenso rascher und tiefer Fall. Die erneuten Auseinandersetzungen zwischen Griechen und Karthagern endeten 406 v. Chr. mit einer Niederlage für Akragas. 210 v. Chr. waren es die **Römer**, die die fortan Agrigentum genannte Stadt besetzten. Als ihnen 827 die **Araber** und 1087 die **Normannen** folgten, war die Stadt längst völlig bedeutungslos geworden. Erst im 20. Jh. erlebte Agrigent einen neuerlichen Aufschwung.

Valle dei Templi

Die Parkplätze am Ausgrabungsgelände sind knapp und teuer. Einfacher erreicht man das antike Akragas vom Bahnhofsvorplatz aus mit den Linienbussen 1, 2 und 3. Das **Tal der Tempel** wird von der *Via dei Templi* durchschnitten. Die Tempel und andere Bauten aus griechischer und römischer Epoche liegen verstreut zu beiden Seiten der Straße.

Im **östlichen Tempelbezirk** (tgl. 9 Uhr – 1 Std. vor Sonnenuntergang) reihen sich die Heiligtümer entlang der *Via Sacra* aneinander. Zunächst stößt man auf die Überreste des **Herakles-Tempels** ❶ (Tempio di Ercole), der um 500 v. Chr. errichtet wurde und damit der älteste der Stadt ist. Nach einem Erdbeben stürzte das Bauwerk ein, Teile der Nord- und Ostseite rutschten den Hang hinab. Die acht heute noch aufragenden Säulen der Südseite wurden während einer Restaurierung 1923 wieder aufgerichtet. Unterhalb der Tempelanlage befindet sich das sog. **Grab des Theron** ❷ (Tomba di Terone), das jedoch aus römischer Zeit stammt und daher nicht als Grabstätte des bedeutenden Staatsmannes in Frage kommt.

Folgt man nun der Via Sacra, gelangt man zunächst zur **Villa Aurea** ❸, in deren Garten christliche Katakomben und Felsgräber zu besichtigen sind, und weiter zum **Concordia-Tempel** ❹

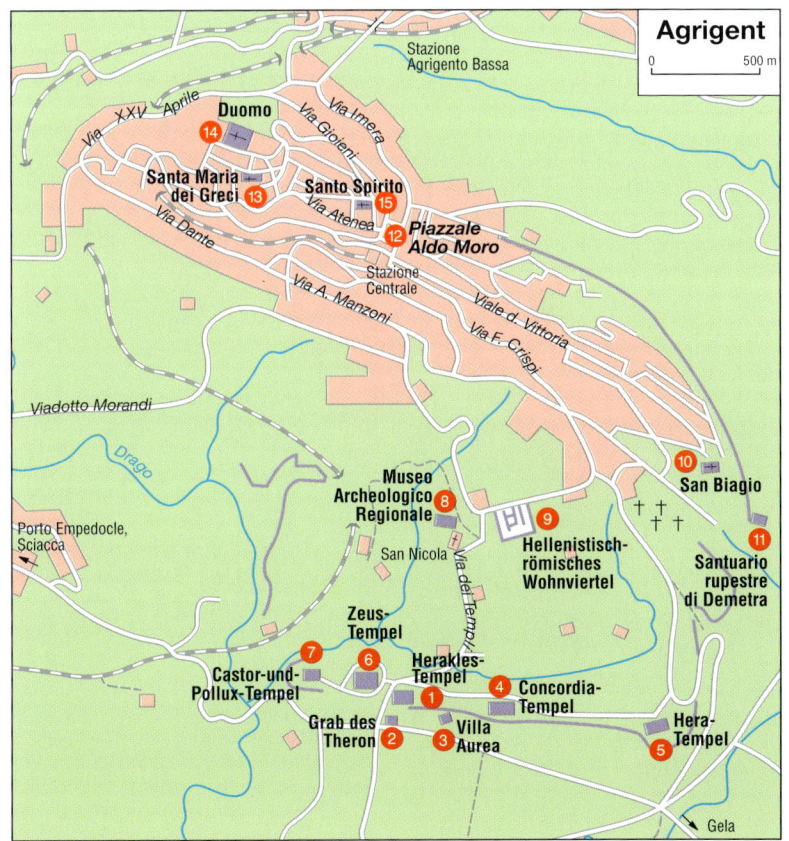

(Tempio della Concordia). Der Name des zwischen 450 und 425 v. Chr. erbauten Heiligtums ist keineswegs gesichert, vielmehr willkürlich gewählt, wie bei den meisten der anderen Tempel Agrigents auch. Der Concordia-Tempel zählt neben dem *Hephaistos-Tempel* in Athen und dem *Poseidon-Tempel* in Paestum zu den besterhaltenen griechischen Sakralbauten überhaupt.

Auf einem vierstufigen Unterbau erheben sich 34 Säulen samt ihrer Kapitele, darüber ruhen Gebälk und Giebel. Allein das Dach ist irgendwann einmal eingestürzt. Seinen hervorragenden Erhaltungszustand verdankt das Bauwerk der Umwandlung in eine christliche **Basilika** durch Bischof Gregorius II. von Agrigent im 6. Jh. n. Chr. Noch heute erinnern die Bögen, die damals in die Cella-Wände gebrochen wurden, an seine christliche Vergangenheit.

Über einem steilen Felsvorsprung an der Südostecke der Stadtbefestigung liegen Reste des **Hera-Tempels** ❺ (Tempio di Hera), dieser wird auch Juno-Tempel genannt. Von ursprünglich 34 Säulen des um die Mitte des 5. Jh. v. Chr. errichteten Heiligtums haben 25 unbeschadet die Zeit überdauert. Vom höchstgelegenen Bauwerk des Tempel-Ensembles bietet sich ein schöner Ausblick zurück zur antiken Stadtmauer und auf das Ausgrabungsgelände im Tal.

Jenseits der Via dei Templi liegt der **westliche Tempelbezirk** (tgl. 9 Uhr – 1 Std. vor Sonnenuntergang). Passiert man die

Vollendete Harmonie: Der klassische Concordia-Tempel von Agrigent zählt zu den besterhaltenen griechischen Heiligtümern

Pforte neben dem Parkplatz, stößt man zunächst auf die Kopie eines liegenden, 7,50 m großen Telamon (Gebälkträger) und kurz darauf auf die gewaltigen Trümmer des **Zeus-Tempels** ❻ (Tempio di Giove Olimpico). Mit seinen riesigen Ausmaßen von 56,3 × 113,5 m im Fundament war er einst der größte dorische Tempel, errichtet mit Hilfe von 25 000 karthagischen Kriegsgefangenen. Anders als der typische griechische Ringhallen-Tempel besaß der Zeus-Tempel keine Rundsäulen, sondern **Halbsäulen**, die in die Außenwände eingelassen wurden. Eine weitere Besonderheit waren die weiblichen und männlichen **Telamone**, die auf halber Höhe zwischen den Halbsäulen angebracht waren und das Gebälk trugen. Im Museo Archeologico Regionale befindet sich das letzte Original dieser überdimensionalen Giganten, die kein Gebälk erdrücken zu können schien. Daher wurde der Zeus-Tempel auch *Giganten-Palast* genannt. Doch dieser kolossale Tempel erlebte nicht einmal seine Vollendung. Als Symbol des Triumphes über die Karthager geplant, waren es eben jene, die 406 v. Chr. die Stadt eroberten und mit ihr den Tempel zerstörten.

Reste des **Castor-und-Pollux-Tempels** ❼ (Tempio di Castore e Polluce), welcher den Dioskuren geweiht war, befinden sich im angrenzenden Bezirk der *chtonischen Gottheiten*, der Gottheiten der Unterwelt. Der Tempel wurde Mitte des 5. Jh. v. Chr. errichtet und bereits in hellenistischer Zeit restauriert. Ende des 19. Jh. stand man vor einem gewaltigen Trümmerhaufen und bastelte sich einen ›neuen‹ Dioskuren-Tempel. Die vier über Eck stehenden klassischen Säulen tragen nun ein hellenistisches Gebälk. Diese fehlerhafte Rekonstruktion entwickelte sich zum Wahrzeichen der Stadt und beliebtesten Fotomotiv. In der Umgebung sieht man die Überbleibsel weiterer Tempel und zahlreiche Opferaltäre.

Das **Museo Archeologico Regionale** ❽ (Mo, Di, So 9–13, Mi–Sa 9–13 und 14–17.30 Uhr) zeigt eine Reihe interessanter Ausstellungsstücke aus dem antiken Akragas, u. a. umfangreiche Sammlungen an Münzen und Vasen.

Ein für die Rekonstruktion des **Zeus-Tempels** wichtiges Stück ist in Saal 6 ausgestellt, der einzige im Original erhaltene **Telamon**, der einst das Gebälk des gewaltigen Tempels trug. Anhand der 7,5 m hohen Figur und eines **Modells** des Tempels kann man sich annähernd eine

Wahrzeichen Agrigents: die vier Säulen des Dioskuren-Tempels vor der Kulisse der modernen Stadt

Vorstellung von den riesigen Ausmaßen der Anlage machen.

Bekanntestes Exponat ist der **Ephebe von Agrigent** (Saal 10), die Marmorskulptur eines Jünglings aus der Zeit um 490 v. Chr. Auch ein *römischer Kinder-Sarkophag* aus dem 2. Jh. v. Chr. (Saal 11) mit den rührenden Darstellungen von Krankheit, Tod und Begräbnis eines Knaben ist beachtenswert. Ein schönes Beispiel aus der Vasensammlung ist ein um 435 geschaffener *Krater* (Saal 3). Den Weinkrug schmückt eine Darstellung von Perseus, der die von ihrem Vater Kephaus an einen Felsen gefesselte Andromeda rettet.

Die benachbarte **Chiesa San Nicola** beherbergt den *Sarkophag der Phaedra* – vermutlich die römische Kopie eines griechischen Originals –, dessen Reliefs die tragische Liebesgeschichte von Phaedra und Hippolytos erzählen.

Auf der anderen Straßenseite, schräg gegenüber vom Museum, ist ein schach-brettartig angelegtes **Hellenistisch-römisches Wohnviertel** 🟠9 (Quartiere ellenistico-romano) zu besichtigen. Reste von Wasserleitungen und z. T. recht gut erhaltene *Fußbodenmosaike* mit geometrischen Mustern und Figurenmotiven gibt es hier zu entdecken.

Noch ein Stück weiter gelangt man zu einem Friedhof und darüber hinaus zur kleinen normannischen Kirche **San Biagio** 🟠10, die im 11. Jh. auf den Fundamenten eines Demeter-Tempels errichtet wurde. Ein Treppenweg führt hinunter zu den Überresten des **Santuario rupestre di Demetra** 🟠11, der ältesten Kultgrotte des antiken Agrigent. Hier wurden bereits im 8./7. Jh. v. Chr., also in vorgriechischer Zeit, Gottheiten verehrt. Die Griechen übernahmen das Felsenheiligtum später und weihten es Demeter.

Altstadt

Auf der **Piazzale Aldo Moro** 🟠12 kann man sich in einem Café unter Palmen,

In jungen Jahren stemmte dieser Telamon das Gebälk des Zeus-Tempels von Agrigent (Museo Archeologico Regionale)

Kein Happy End: Der Phaedra-Sarkophag in der Chiesa San Nicola schildert die Rache Phaedras an ihrem geliebten Stiefsohn Hippolytos (Mitte) – hier der Aufbruch des Jünglings zur Jagd

mit Blick auf das Tal, von der Tempel-Tour erholen und die Erkundung der Altstadt beginnen. Hier verläuft die *Via Atenea*, die Haupt- und Geschäftsstraße des modernen Agrigent. Folgt man ihr bis zur Piazza Lena, führt links die *Via Saponara* in einigen Treppenstufen hinauf zur **Chiesa Santa Maria dei Greci** ⓭. Sie wurde im 11. Jh. auf den Resten eines *dorischen Tempels* erbaut. Hier lag einst die Akropolis des antiken Akragas.

Über eine weitere Treppe erreicht man den **Duomo** ⓮ aus dem Jahr 1099, der sich an der höchsten Stelle der Altstadt erhebt. Auch er wurde über einem antiken Tempel, einem Zeus-Heiligtum, errichtet. An seine normannische Entstehungszeit erinnert allerdings nur noch der rechte Turm, die übrige Kirche wurde durch spätere Umbauten verändert. Erdrutsche gefährden ihre Umgebung.

Oberhalb der Via Atenea steht die **Chiesa Santo Spirito** ⓯. Die Kirche und das dazugehörige Kloster wurden 1299 von den Chiaramonte für *Zisterzienserinnen* gegründet, die noch heute hier leben und arbeiten. Sie stellen z. B. *Dolci*, Süßigkeiten, her, die man hier kaufen kann. Die spätbarocke Stuckausstattung des Kircheninneren fertigte *Giacomo Serpotta*. Katalanische Gotik prägt den schönen Klosterhof mit Kreuzgang und Kapitelsaal.

Praktische Hinweise

Information: AAST, Via Cesare Battiste 15, Tel. 09 22 20 04 54, Internet: www.agrigentoweb.it

Hotels

******Villa Athena**, Via dei Templi 33, Tel. 09 22 59 62 88, Fax 09 22 40 21 80, Internet: www.athenahotels.com. Villa aus dem 18. Jh., am Fuß des Concordia-Tempels gelegen, mit Schwimmbad und Blick auf den Tempel.

******Kaos**, Contrada Pirandello, im Ortsteil Kaos, Tel. 09 22 59 86 22, Fax 09 22 59 87 70, Internet: www.athenahotels.com. Riesiges, direkt am Meer gelegenes Haus.

******Colleverde Park Hotel**, Via Panoramica dei Templi, Tel. 0 92 22 95 55, Fax 0 92 22 90 12, Internet: www.colleverdehotel.it. Modernes Gebäude inmitten eines Parks, mit schönem Panoramablick auf das Tal der Tempel.

*****Hotel del Viale**, Via del Piave 19, Tel. 0 92 22 00 63, Fax 0 92 22 01 94. Modern und mit allem Komfort ausgestattet.

Restaurants

Kalòs, Piazza San Calogero, Tel. 0 92 22 63 89. Ausgesprochen gute Regionalküche am Rand der Altstadt.

Trattoria La Forchetta, Piazza San Francesco 13, unterhalb der Via Atenea 11, Tel. 09 22 59 62 66. Zwischen Bildern des alten Agrigent werden gute Pastagerichte serviert (So geschl.).

Ristorante Le Caprice, Via Panoramica dei Templi, Tel. 0 92 22 64 69. Immer frisch und fabelhaft zubereitet sind die Fischgerichte, grandios ist die Kulisse alter Tempel (Do geschl.).

16 Isole Pelagie

Die südlichsten Punkte Italiens.

Fast 200 km südlich von *Selinunt* und nur 100 km von der *tunesischen Küste* entfernt liegen die Kalksteinplatten Lampedusa und Linosa, die zusammen mit dem unbewohnten Lampione zu den Isole Pelagie, den Pelagischen Inseln, gehören.

Sowohl **Lampedusa** (20 km^2) als auch **Linosa** (5 km^2) verfügen zwar kaum über landschaftliche Reize, bieten dafür aber einige schöne Badestrände und hervorragende Tauchreviere. In den Sommermonaten kann es durchaus voll werden auf den kleinen Inseln, Massentourismus ist aber unbekannt. Die Einwohner der Inseln leben vorwiegend von der Fischerei und der Landwirtschaft, immer mehr aber auch vom Tourismus.

Schlagzeilen vom Olymp

Jedes Boulevardmagazin müsste vor Neid erblassen ob der Schlagzeilen, welche die griechische Götterwelt mit ihren unglaublichen Irrungen und Wirrungen hätte produzieren können. Salopp gesagt war **Zeus***, seiner weitverzweigten Familie aus Göttern, Halbgöttern und den sich gegen sie auflehnenden Ungeheuern nichts Menschliches fremd. Seine Schwester und Gattin* **Hera** *verzehrte sich ständig vor Eifersucht um den untreuen Zeus und nahm Rache an den Kindern ihrer ›Rivalinnen‹. Im Kampf ums Überleben wurden diese von ihr gehassten Zeus-Kinder jedoch stets zu Helden.*

Auf Sizilien sind die ältesten Tempel einem dieser tragischen Heroen, dem Menschenfreund und ›Muskelprotz‹ **Herakles***, geweiht. Metopenreliefs preisen seine ›Zwölf Taten‹, durch die er die erde von Unholden und Ungeheuern befreite. Nach vielen Leiden wurde Herakles schließlich erlöst und in den Olymp aufgenommen.*

Doch zurück zu den Göttinnen – sie zeichneten sich auch in der zweiten Generation durch eine kämpferische Haltung aus, vor allem, wenn es darum ging, ihre Jungfräulichkeit zu verteidigen. Die kriegerische **Athena** *und die Jägerin* **Artemis** *kannten kein Pardon mit der Männerwelt. Nur* **Aphrodite***, die Göttin der Liebe, machte selbstverständlich eine Ausnahme. Sie wurde ungerechterweise mit dem hässlichsten aller Götter, dem Waffenschmied* **Hephaistos***, verheiratet und entbrannte schließlich in Leidenschaft zum Kriegsgott* **Mars***. Aus dieser Verbindung der Gegensätze ging die Tochter* **Harmonia** *hervor.*

Schiff

Siremar, Tel. 09 22 63 66 83. Von Porto Empedocle (6 km südwestlich von Agrigent) besteht die Möglichkeit, mit der Fähre über Nacht nach Lampedusa überzusetzen.

Flughafen

Von Trapani und Palermo aus existiert eine regelmäßige Flugverbindung nach Lampedusa.

Hotel

***Royal**, Via Maccaferri 3, Tel. 09 22 97 01 23, Fax 09 22 97 31 28. Freundliches Hotel im Zentrum von Lampedusa-Stadt.

Restaurant

Ristorante La Lampala, am Hafen von Guitgia, Lampedusa. Lokal der gehobenen Preisklasse. Spezialitäten: Alles, was das Meer bereithält.

17 Caltanissetta

Berühmter Wochenmarkt, den schon Goethe auf seiner Sizilien-Reise besuchte.

Die größte Stadt Innersiziliens ist zugleich Provinzhauptstadt (63 000 Einw.).

Höhepunkt der Karwoche: nächtliche Prozession unter reger Anteilnahme der Bevölkerung von Caltanissetta. Die Figurengruppe zeigt Christus und Veronika mit dem Schweißtuch

Grandiose Raumwirkung: der barocke, prachtvoll geschmückte Dom von Caltanissetta

Caltanissetta förderte im 19. Jh. 80% des Schwefelbedarfs der Welt. In den Bergwerken der Umgebung, die heute größtenteils stillgelegt sind, wurde der Schwefel unter primitivsten und gesundheitsschädlichen Bedingungen abgebaut.

Die Stadt ist nicht so reich an kunsthistorischen Schätzen wie andere Orte auf Sizilien. Doch hat Caltanissetta mehr zu bieten, als es die öden Neubauviertel zunächst vermuten lassen. Im **Zentrum**, um die *Piazza Garibaldi*, warten einige schöne Kirchen und anmutige Plätze darauf, entdeckt zu werden. In den Gassen der Altstadt findet wochentags ein bunter **Markt** statt. Die Marktschreier rufen mit unglaublich rauen Stimmen die Angebote des Tages aus. Hier bekommt man Fisch, Fleisch, Obst und Gemüse, Käse und Brot, also alles, was das Herz begehrt und man für ein Picknick auf dem Lande benötigt. Und dieser Markt hat durchaus Tradition, denn bereits Johann Wolfgang von Goethe kaufte hier vor etwas mehr als 200 Jahren ein.

Kurz vor **Ostern** steht Caltanissetta ganz im Zeichen dreier Prozessionen. Die Feierlichkeiten beginnen am Mittwoch und enden am Freitag. Am Abend des Gründonnerstags wird die berühmte *Processione delle Vare* veranstaltet. Unter der regen Anteilnahme von Bewohnern und Besuchern werden bis weit nach Mitternacht die Szenen der Passion Christi nachgespielt.

Praktische Hinweise

Information: AAPIT, Viale Conte Testasecca 20, Tel. 09 34 2 40 01, Fax 09 34 2 12 39, Internet: www.aapit.cl.it,

18 Enna

›Nabel Siziliens‹ und höchstgelegene Provinzhauptstadt.

»Als die Jäger oben auf dem Berg anlangten, tat sich zwischen den spärlichen Tamarisken und Korkeichen das Bild des wahren Sizilien vor ihnen auf, ein Bild, demgegenüber barocke Städte und Orangengärten nichts sind als unwesentlicher Flitter: eine Dürre, die sich rund ins Unermessliche wellte von Höhenrücken zu Höhenrücken, und diese waren wie irrational, sie lähmten den Mut, ihre Hauptlinien konnte der Sinn nicht fassen, weil sie in einem Moment des Fieber-

Das Geburtshaus des Nobelpreisträgers Luigi Pirandello in Kaos bei Agrigent

Poesia siciliana

Sizilien hat in den vergangenen 100 Jahren mehr bedeutende Schriftsteller hervorgebracht als jede andere italienische Region, darunter sogar drei **Nobelpreisträger**. *Die bekanntesten sind Giovanni Verga, Luigi Pirandello, Giuseppe Tomasi di Lampedusa, Vitaliano Brancati, Elio Vittorini, Leonardo Sciascia und Vincenzo Consolo.*

Pirandellos *berühmtestes Drama, ›Sechs Personen suchen einen Autor‹, ist auch an deutschen Bühnen häufig gespielt worden.* **Sciascia** *beschreibt in seinen zeitkritischen Romanen die Probleme der sizilianischen Gesellschaft.* **Giuseppe Tomasi di Lampedusa** *hat mit ›Der Leopard‹ den Schlüsselroman über den Untergang des sizilianischen Hochadels im 19. Jh. verfasst, und von* **Verga** *stammt die durch Pietro Mascagnis Opernerfolg bekannt gewordene ›Cavalleria rusticana‹, eine Sammlung sizilianischer Dorfgeschichten.*

Mit den Kriminalromanen ›Die Form des Wassers‹, ›Der Hund aus Terracotta‹, ›Der Dieb der süßen Dinge‹ und ›Die Stimme der Violine‹, um nur einige zu nennen, erregte der 1925 in Sizilien geborene Autor **Andrea Camilleri** *in den letzten Jahren großes Aufsehen. Allesamt stürmten sie die obersten Plätze der italienischen Bestsellerlisten, denn alle lieben Cammilleris Hauptfigur, den launischen Commissario Salvo Montalbano, der mit viel Witz zwischen Mafiabossen, ehrenwerten Geschäftsleuten und gesellschaftlichen Randexistenzen ermittelt und mittlerweile weltweit als Prototyp sizilianischer Lebensart angesehen wird.*

Goethe im klimatisierten Reisebus

Manches vernichtende Urteil, das der berühmteste Italienreisende Johann Wolfgang von Goethe im **Frühjahr 1787** *über Städte und Kunstwerke Siziliens fällte, wäre höchstwahrscheinlich milder ausgefallen, wenn der Dichter in einem klimatisierten* **Reisebus** *– begleitet von stimmungsvollen Operneinlagen – durch die sizilianische Landschaft kutschiert worden wäre. Wie oft mussten Goethe und seine Gefährten sich nach beschwerlicher* **Tagesreise** *erst eine primitive Bettstatt aus Holzplanken und Strohsäcken zusammensuchen. Zuweilen saß der Dichter hungrig in einer dunklen Kammer und versuchte, für die Daheimgebliebenen geistreiche Schilderungen niederzuschreiben.*

Diese Qualen gehören der Vergangenheit an – doch mit ihnen werden auch viele besinnliche, genussvolle und abenteuerliche Begegnungen zu Legenden, deretwegen sich Goethes ›*Italienische Reise*‹ *als vergnügliche Begleitlektüre empfiehlt.*

wahns der Schöpfung geschaffen schienen: ein Meer, das plötzlich Stein geworden ist in dem Augenblick, da ein Umschwung des Windes es hochgepeitscht hat zu wahnwitzigen Wogen.«

So beschreibt *Giuseppe Tomasi di Lampedusa* in ›Der Leopard‹ die Landschaft, wie sie sich im fiktiven ›Donnafugata‹ [s. S. 93] nördlich von Agrigent zeigt. Auf die Umgebung von Enna trifft diese Beschreibung im Wesentlichen zu. Denn nur das Grün im Frühjahr und das goldene Licht des Frühsommers, wenn die Kornfelder reif und noch nicht abgeerntet sind, mildern den Eindruck einer gleichzeitig mächtigen Öde.

Geschichte ›Nabel Siziliens‹ nannte der Grieche Kallimachos das antike **Henna**. Aufgrund seiner strategisch günstigen Lage auf einem Bergrücken im Zentrum der Insel war der Ort zu allen Zeiten überaus gefragt.

258 v. Chr. befreiten die Römer die Stadt von den Karthagern. 135 v. Chr. organisierte der Sklave *Eunus* einen Aufstand gegen die römischen Besatzer, der

zu grausamen Kämpfen führte, den Aufständischen aber keinen Erfolg bescherte. 132 v. Chr. entschieden die Römer die Kämpfe für sich. Die Araber eroberten *Castrum Hennae* 859 und machten es als *Casr Jani* zum Verwaltungssitz eines Emirs. 1087 quartierten sich die Normannen ein und gaben der Stadt den Namen *Castrogiovanni*. Stauferkaiser Friedrich II. ließ hier im 13. Jh. eine ältere Festung zum mächtigen Kastell ausbauen. Im ausgehenden Mittelalter sank die Bedeutung der Stadt. Erst im 20. Jh. ging es wieder aufwärts, diesmal mit neuem Namen, Enna.

Besichtigung Die Stadt, die schon von weitem durch ihre Lage auf einem Felsplateau besticht, bietet auch in ihrem Zentrum einige Sehenswürdigkeiten.

Das mächtige **Castello di Lombardia**, die Festung Friedrichs II., beherrscht die schmal zulaufende Ostseite des Felsens. Von ehemals 20 *Wehrtürmen* sind heute nur noch sechs erhalten. In einem der drei weiträumigen Innenhöfe der Burg werden in den Sommermonaten Theaterstücke aufgeführt.

TOP TIPP Von der 24 m hohen **Torre Pisana** bietet sich ein unvergleichlicher Blick auf das Umland, an klaren Tagen sogar bis zum *Ätna*.

Unterhalb des Kastells ragt die **Rocca di Cerere** empor, ein Felsen, auf dem *Gelon* 480 v. Chr. einen Tempel für die Fruchtbarkeitsgöttin Demeter errichten ließ. Von dem Heiligtum blieb allerdings nichts erhalten. In der Antike spielte der **Demeter-Kult** eine große Rolle in der Region.

Im Südwesten der Stadt liegt die achteckige, 24 m hohe **Torre Federico II.**, Mittelstück einer Wehranlage aus dem 13. Jh. Über eine Wendeltreppe erreicht man eine (leider nur unregelmäßig geöffnete) Plattform, die ebenfalls eine weite Sicht über Sizilien gewährt.

Der 1307 entstandene **Duomo**, im 15. Jh. niedergebrannt, wurde im 16. Jh. barock wieder aufgebaut. Das **Innere** des dreischiffigen Kirchenraums besticht durch die reiche Ausstattung. Die skulptierten Säulenkapitelle sowie das Tauf- und Weihwasserbecken sind Werke der *Künstlerfamilie Gaggini*. Man beachte außerdem die prächtige Holzdecke über dem Mittel- und Querschiff, das Chorgestühl und die im Stil der katalanischen Gotik restaurierte linke Seitenapsis.

Das **Museo Alessi** (Di – So 8 – 19 Uhr), das hinter dem Dom liegt, zeigt archäologische Funde der Umgebung, den reichen Domschatz sowie eine große Münzsammlung.

Alljährlich am Karfreitag findet das **Incapucciati**, das Fest der Kapuzenträger, in Enna statt. Dann ziehen 15 Gilden in ihren historischen Gewändern unter Trommelwirbel mit den Figuren der Jungfrau Maria und des Christus in einem Sarg aus Glas von den Kirchen zum Dom.

Praktische Hinweise

Information: AAPIT, Via Roma 411, Tel. 09 35 52 82 88, Fax 09 35 52 82 29

Hotel

***Grande Albergo Sicilia**, Piazza N. Colajanni 7, Tel. 09 35 50 08 50, Fax 09 35 50 04 88. Angenehmes, nostalgisch möbliertes Hotel in der Altstadt, in Domnähe, mit hervorragendem Restaurant. Frühstück gibt es auf der Terrasse über der Stadt.

Restaurant

Trattoria Grotta Azzurra, Via Colajanni 1, Tel. 0 93 52 43 28. Familiär, einfach und freundlich, mit kleinem Speisesaal (Sa geschl.).

Hades entführt Tochter der Korngöttin

*Demeters Tochter **Kore** soll beim Blumenpflücken am Lago di Pergusa unweit von Enna entführt worden sein. Durch einen Erdspalt brach **Hades**, der Herr der Unterwelt, hervor, um sie in sein Reich zu holen. Sie verfiel ihm und wurde unter dem Namen **Persephone** seine Frau.*

*Demeter, Göttin der Fruchtbarkeit, suchte in der Zwischenzeit verzweifelt die ganze Erde nach ihrer Tochter ab. Derweil verbreiteten sich Dürre und Hungersnot. Schließlich verriet ihr **Helios**, der Sonnengott, den Aufenthaltsort ihres Kindes. Um Demeter zu trösten, beschloss **Zeus**, dass Persephone zwei Drittel des Jahres bei ihrer Mutter verbringen sollte – während dieser Zeit kehrt die Fruchtbarkeit auf die Erde zurück – und ein Drittel in der Unterwelt.*

Mächtig und uneinnehmbar: das Castello di Lombardia von Enna mit seinen Wehrtürmen

19 Piazza Armerina und Villa Romana del Casale   *Plan Seite 73*

Ein altes Bergstädtchen und eine römische Landvilla mit Mosaik-Bilderbuch.

Piazza Armerina zählt zu den sehenswertesten innersizilianischen Bergstädtchen. Die Altstadt gruppiert sich um den **Duomo Santissima Assunta**, der am höchsten Punkt einer 720 m hohen Bergkuppe ruht. Der barocke Bau entstand zu Beginn des 16. Jh. auf den Resten einer älteren Kirche, von der ein schöner *Glockenturm* im Stil katalanischer Gotik erhalten ist.

Am 13. und 14. August findet in den schmalen Sträßchen der Altstadt ein far-

TOP TIPP benfrohes Historienspiel statt, der **Palio dei Normanni**. Der Umzug durch die Altstadtgassen und das sich anschließende Rennen locken jedes Jahr zahlreiche Schaulustige an. Die Stadt mit lebhaftem und gut sortiertem Markt ist außerdem Ausgangspunkt für einen Ausflug zu einer der bedeutendsten Sehenswürdigkeiten Siziliens, einer 6 km entfernten römischen Villa.

TOP TIPP **Villa Romana del Casale**

Bereits im 18. und 19. Jh. wurden in einem grünen Tal am Fuß des Monte Mangone Mosaiksteinchen gefunden. Erste systematische Grabungen fanden jedoch erst im 20. Jh. statt.

Zwei Grabungen 1929 und 1935 – 39 brachten die ersten großflächigen Fußbodenmosaike an den Tag. 1950 begann man mit der *Freilegung* des gesamten *Gebäudekomplexes*. Zum Vorschein kamen Mosaike, die sich über eine Fläche von mehr als **3500 m²** erstrecken. Aufgrund des Figurenrepertoires sowie der Kleidermode und der Haartracht konnten die Darstellungen in das 4. Jh. n. Chr. datiert werden. Stil und Arbeitstechnik verraten **nordafrikanische** Einflüsse. So nimmt man an, dass afrikanische Künstler zumindest einen Teil der Arbeiten ausgeführt haben. Der gute Erhaltungszustand der Mosaike ist einem Erdrutsch zu verdanken, der im 12. Jh. die Villa mit Schlammlawinen bedeckte und die Decken und Teile der Wände zum Einsturz brachte.

Die spätrömische Anlage gehört seit 1997 zum Weltkulturerbe der UNESCO und zählt zu den prächtigsten römischen Landsitzen überhaupt. Wer sie erbauen ließ, konnte allerdings bis heute nicht geklärt werden. Zunächst war vermutet worden, sie sei als Jagdsitz des von Diokletian geschätzten **Maximianus Herculius** genutzt worden, dem der Kaiser die Herrschaft über das Westreich übertragen hatte. Neuere Deutungen gehen von einem späteren Baubeginn aus und nennen als möglichen Erbauer **Proculus Popolonius**, der unter Kaiser Konstantin sowohl in den afrikanischen Provinzen als auch auf Sizilien höchste Ämter innehatte.

Besichtigung An der Kasse der Villa Romana del Casale (tgl. 8–19 Uhr) ist ein Übersichtsplan erhältlich. Um einen großen **Peristylhof** gruppieren sich pri-

Wagenrennen im Circus Minimus: Zum Bilderbuch der römischen Mosaike in der Villa Romana del Casale gehören auch Kinder mit Vogelgespannen

vate und repräsentative Räume, Wandelhallen und verschiedene Innenhöfe. Angeschlossen ist eine großzügige **Thermenanlage**. In den insgesamt über 50 Räumen finden sich neben ornamentalen und emblematischen auch figürliche Darstellungen aus der Mythologie und aus dem römischen Alltag der Oberschicht in spätrömischer Zeit.

Der moderne Eingang befindet sich im Westen, dort, wo sich die Thermen ausbreiten. Man betritt sie durch das **Frigidarium** [1] (Kaltbad), dahinter liegen **Tepidarium** [2] (Lauwarmbad) und **Caldarium** [3] (Warmbad). Die Mosaike nehmen Bezug auf die Nutzung der Räumlichkeiten. So sind in den Thermen Darstellungen des Meeres, des Gottes Okeanus sowie der Meeresbewohner, der Nereiden und Tritonen, zu besichtigen.

Der antike Haupteingang der Villa lag südlich der Thermen. Ein monumentaler, dreibogiger **Portikus** und dahinter liegendes **Atrium** [4] bildeten Vorhof und Aufenthaltsraum für Besucher. Eine offene Halle führt zum **Großen Peristyl** [5], dem säulengerahmten Innenhof. Die Mosaiken zeigen geometrische Muster, aber auch Tiermotive.

Der **Narthex der Thermen** [6] birgt eines der beeindruckendsten Mosaike der gesamten Anlage, die Darstellung eines **Wagenrennens** im Circus Maximus. Vier Wagenlenker stehen am Start und warten auf das Zeichen. Gleichzeitig spielt ein Musikant schon für den Sieger, dem der Preisrichter einen Palmenzweig überreicht. Ein trapezförmiges **Vestibül** [7] verbindet das Hauptperistyl mit der Thermenanlage. Hier ist die Hausherrin mit ihren Kindern und zwei Dienerinnen auf dem Weg zum Bad abgebildet.

Die meisten der *nördlichen Wohngemächer* sind nur noch fragmentarisch mit Mosaiken bestückt. Doch lohnt es sich, einen Blick in einige von ihnen zu werfen, z. B. in den **Prunkraum** [8] mit der in fünf Szenen geschilderten *Kleinen Jagd*. Die Mosaike zeigen ein Opferritual für Jagdgöttin Diana und verschiedene Jagdszenen, z. B. eine Hirsch- und eine Saujagd, den Angriff eines Ebers auf einen Jäger sowie ein Gelage.

Das **Ambulacrum** [9], die Wandelhalle mit der **Großen Jagd**, leitet zu Empfangs- und Privaträumen über. Es gilt als gesichert, dass afrikanische Künstler hier Szenen aus ihrer Heimat schufen. Geschildert wird eine *Großwildjagd* und das Verladen von lebenden Tieren auf

Ein typisches Bergstädtchen im Landesinneren: Piazza Armerina

Schiffe, um sie für Kämpfe in die römischen Arenen zu bringen.

Unter den *südlichen Räumen* verdient besonders das **Zimmer der Bikini-Mädchen** [**10**] Erwähnung. Die Darstellung zehn junger Mädchen in bikiniähnlicher Bekleidung hat für den Ruhm der Ausgrabung gesorgt. Gleichwohl reicht das Mosaik der Sportlerinnen nicht an die Qualität anderer hervorragender Beispiele aus der Villa heran.

Im **Triclinium** [**11**] (Speisesaal), das man über das ellipsenförmige Peristyl erreicht, beeindrucken die gewaltigen,

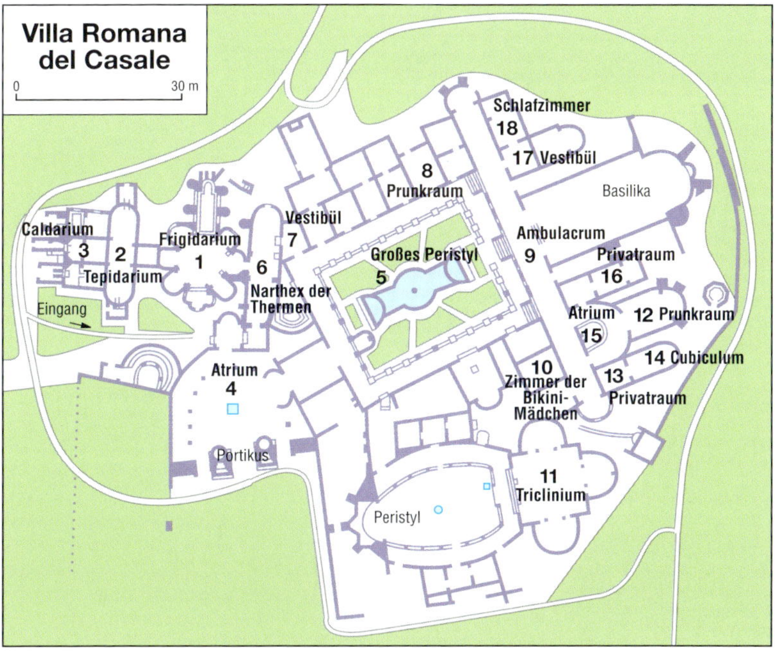

Villa Romana del Casale

0   30 m

Caldarium
3   2
Tepidarium

Eingang

Frigidarium
1   6
Narthex der
Thermen

Vestibül
7

Atrium
4

Pörtikus

8
Prunkraum

Großes Peristyl
5

Peristyl

Schlafzimmer
18

17 Vestibül

Basilika

Ambulacrum
9   Privatraum
16

Atrium   12 Prunkraum
15

14 Cubiculum

10   13
Zimmer der   Privatraum
Bikini-
Mädchen

11
Triclinium

Für die Zirkusarena bestimmt – das Mosaik der ›Großen Jagd‹ in der Villa Romana del Casale schildert eine römische Tierhatz in Afrika

fast barock gestalteten Szenen aus den **Zwölf Taten des Herakles**. Neben den Rossen des Diomedes, der Schlange, die die Äpfel der Hesperiden hütet, dem Höllenhund Zerberos und anderen Szenen seiner Taten ist auch die Apotheose des Helden Herakles dargestellt.

Südlich von der Basilika schließen sich Wohn- und Kinderzimmer an. Im **Prunkraum** [12] tummeln sich ungewöhnlich und farbenprächtig gestaltete *Meeresbewohner* vom Fisch bis zum Ungeheuer.

Von den Mosaiken der anschließenden Zimmer begeistert vor allem der **Privatraum** [13] mit der Darstellung der *Kinder* bei einem Wagenrennen mit Vogelgespannen. Im **Cubiculum** [14] findet ein Musikwettbewerb zwischen zwei Chören statt. Links neben dem **Atrium**

[15] kämpfen Pan und Eros, im dahinter liegenden **Privatraum** [16] üben sich Kinder in der Jagd.

Nördlich der Basilika folgen drei weitere Gemächer. Im dazugehörigen **Vestibül** [17] ist eines der zahlreichen Abenteuer dargestellt, die Odysseus während seiner Irrfahrten erlebte. **Odysseus** und seine Gefährten werden vom einäugigen Zyklopen **Polyphem** (zusätzlich zu seinem Auge auf der Stirn besitzt er noch zwei normale Augen) in dessen Höhle nahe des Ätna festgehalten. Sie versuchen, das Ungeheuer betrunken zu machen, um aus der Höhle fliehen zu können. Vom Vestibül führt der Weg weiter ins **Schlafzimmer** [18]. Dargestellt ist ein Liebespaar in inniger Umarmung, das von Fruchtbarkeitssymbolen gerahmt wird.

Hotel

Mosaici da Battiato, Contrada Paratore 11, Tel./Fax 09 35 68 54 53. Die freundliche und gepflegte Herberge liegt an der Straße zur Villa Casale.

20 Caltagirone

In der Keramikstadt bestehen sogar die Treppenstufen aus Majolikafliesen.

Das Städtchen Caltagirone steht ganz im Zeichen einheimischer Keramik-Produktion. Überall in der Ortschaft, die sich über drei Hügel erstreckt, stößt man auf Mauern, Brücken und Häuser, die mit Tonarbeiten geschmückt sind. Katalanische Formen und Motive dominieren und mischen sich mit normannischen und arabischen Elementen. Somit erinnern die Dekorationen an die wechselvolle Stadtgeschichte.

TOP TIPP Glanzstück der Keramikkunst von Caltagirone ist die **Scalinata** an der Piazza Umberto, eine 1608 von *Giuseppe Giacalone* geschaffene Majolikatreppe. Sie führt mit 142 Stufen, die unterschiedliches Design zeigen, zur Barockkirche **Santa Maria del Monte**

Echtes Kachel-Kunstwerk als Kinderspielplatz: Die mit bunten Majolikafliesen geschmückte Scalinata von Caltagirone entstand im 17. Jh.

hinauf. Seit vier Jahrhunderten findet in den Nächten vom 24. bis 26. Juli zu Ehren des Stadtpatrons *San Giacomo* ein Lichterfest, **La Scala illuminata**, statt, bei dem die Trep-

Kubistisches Stadtbild: Beinahe wie ein Berg aus braunem Würfelzucker wirkt die Häuseransammlung in Caltagirone

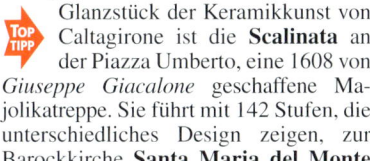

Fernblick: Von fast jedem Ort auf Sizilien kann man bei guter Sicht den Ätna (links oben) bewundern, hier bei Caltagirone

pe in einem in Mustern organisierten Kerzenmeer erleuchtet wird.

Im **Museo della Ceramica** (Via Roma, tgl. 9–18.30 Uhr) kann man die Entwicklung der Tonwaren von der Antike bis in die Gegenwart verfolgen. Ausgestellt sind u. a. Arbeiten aus griechischer, römischer, arabischer und normannischer Zeit. Das Museum liegt in einem Park, dem Giardino Pubblico, der mit weiteren sehenswerten Exponaten geschmückt ist.

Keramikartikel zählen zu den beliebtesten Souvernirs Caltagirones. In den zahlreichen Läden wird allerdings meist Massenware angeboten, die nur wenig mit der traditionellen Keramik des Städtchens zu tun hat, die mit ihren zartgelben Blüten, blaugrünen Blätterranken und feinster Glasur Resultat einer Arbeitstechnik aus jahrhundertealter Erfahrung ist. Gleichwohl finden sich farbenprächtige und elegante Stücke für jeden Geschmack.

Die im Norden der Stadt in der Via Luigi Sturzo gelegene **Chiesa San Giorgio** besitzt mit dem ›Geheimnis der Dreifaltigkeit‹ (15. Jh.) am zweiten Altar vor der Apsis ein besonders schönes Werk des flämischen Künstlers *Rogier van der Weyden*.

Praktische Hinweise

Hotel

******Villa San Mauro**, Via Porto Salvo 18, Tel. 09 32 65 00, Fax 09 33 31 66 1, Internet: www.framon-hotels.com. Angenehmes Hotel mit Schwimmbad.

Restaurant

La Scala, Scala S. Maria del Monte 8, Tel. 09 35 77 81. Hervorragende italienische und sizilianische Spezialitäten.

Helden aus Holz

Das Gute siegt, der Gute – Ritter **Ruggero** *– auch, darauf ist Verlass. Vorausgegangen sind Morddrohungen und Hilfeschreie, und manchmal fliegt sogar ein Schuh auf die Bühne. Das Publikum erlebt den Kampf gegen die* **Sarazenen** *leidend mit – es sind meist Erwachsene, die das säbelrasselnde Treiben der* **Stangenmarionetten** *verfolgen. Franzosen sollen die Rittersagen nach Sizilien gebracht haben, u. a. das* **Rolandslied** *aus*

Mittelalter, das hier zum Gemetzel der Mutigen gegen die Gottlosen wurde, zur Geschichte der unglücklichen Liebe Ruggeros zur schönen **Angelica**.

Die meisten Marionettentheater sind inzwischen leider geschlossen. Aber während der Saison finden Vorstellungen für Touristen statt, dann mischen sich auch Sizilianer manchmal unter die Zuschauer. Wer könnte die mutigen Paladine Karls d. Gr. auch besser anfeuern?

21 Gela

Erdölfelder, Raffinerien, Öltanker und eine dorische Säule.

Die Augen tränen, und die Bronchien reagieren gereizt: Einen Ausflug nach Gela, wo seit den 50er-Jahren des 20. Jh. *Erdöl- und Erdgasfelder* ausgebeutet werden und die *Petrochemie* gedeiht, kann man nur denen empfehlen, die dort gewesen sein wollen, wo Kolonisten aus Kreta und Rhodos 690 v. Chr. eine ihrer bedeutendsten Städte gründeten. Der Tyrann **Gelon**, Nachfolger des Hippokrates, führte solange Kriege mit den Nachbarn, bis er als Herrscher über ganz Südostsizilien regierte. 282 v. Chr. zerstörten Mamertiner die Stadt. Kaiser Friedrich II. gründete sie mit dem Namen Terranova neu. Das würde auch gut zum heutigen Stadtbild passen, doch seit 1927 gilt wieder der antike Name.

Nur eine einzige dorische Säule vom **Athena-Tempel** auf dem antiken *Akropolis-Hügel* im Osten der Stadt hat die Jahrhunderte einigermaßen überstanden. Daneben befindet sich im Westen von Gela mit der Festungsanlage von **Capo Soprano** ein Stück der erst 1948 entdeckten, sehr gut erhaltenen griechischen Stadtmauer. Beide erinnern an die ruhmreiche Vergangenheit der Stadt.

Im **Museo Archeologico** (tgl. 9–13 und 15–19 Uhr) am Corso Vittorio Emanuele kann man Funde aus Gela und Umgebung von der Vorgeschichte bis zum Mittelalter betrachten, außerdem eine umfangreiche Münzsammlung.

Relikt einer großen Vergangenheit: die letzte Säule des Athena-Tempels von Gela

Syrakus und der Südosten – antike Weltstadt und sizilianischer Barock

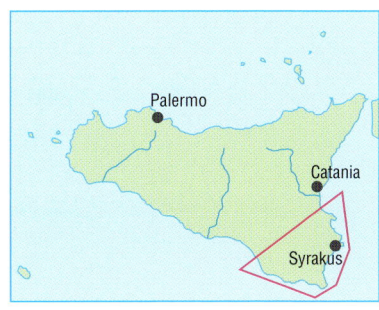

Syrakus – wohl kaum ein Sizilienbesucher wird die bedeutendste antike Stadt der Insel auslassen. Hier begann im 8. Jh. v. Chr. die Zeit der griechischen Kolonisten. Blühende Handelsstädte entstanden entlang der Küste, und **Syrakus** entwickelte sich zur mächtigsten von ihnen. Doch im Vergleich zu anderen antiken Stadtgründungen Siziliens sind die Spuren der griechischen Vergangenheit in Syrakus eher gering. Monumentale Tempelbauten im ›Sechserpack‹ gibt es nicht. Ganz muss man aber auch hier nicht auf die Antike verzichten. Im *Parco Archeologico della Neapoli*, einem riesigen Grabungsgelände in der Neustadt, hat sich das größte *griechische Theater* auf italienischem Boden erhalten.

Auch die *Insel Ortygia* enttäuscht keineswegs, denn die auf ihr gelegene Altstadt von Syrakus präsentiert sich überwiegend in barockem Gewande. Und schon ist man beim Thema: **sizilianischer Barock**. Die prächtigsten Zeugnisse dieser Zeit entstanden nach dem *Erdbeben von 1693*, das zahlreiche Städte im Südosten der Insel zerstörte. Denn aus den Trümmern erhoben sich bald blühende Barockstädte wie **Ragusa**, **Modica** und das unvergleichliche **Noto**.

22 Syrakus

Plan Seite 80

Von legendären griechischen Tyrannen regierte Millionenstadt.

Syrakus, die bedeutendste Stadt des antiken Sizilien, ist in den letzten Jahrzehnten stark angewachsen. Man muss sich erst durch ein großes Industriegebiet und eine gesichtslose Neustadt kämpfen, ehe man auf die ersten architektonischen Zeugnisse der Vergangenheit stößt.

Das für Touristen interessante Syrakus (ital. Siracusa) konzentriert sich fast ausschließlich auf **Ortygia**, die durch einen Damm mit dem Festland verbundene vorgelagerte Insel: enge Gassen, malerische Plätze, alte Kirchen und Palazzi und dazwischen immer wieder Spuren aus griechischer Zeit. Man sollte es sich gönnen, in der Altstadt zu wohnen, denn hier führt jeder Schritt durch die reiche Geschichte der Stadt. In der Neustadt **Neapoli** wiederum liegt der *Parco Archeologico*, das umfangreichste Grabungsgelände von Syrakus mit Monumenten aus griechischer und römischer Zeit.

Doch Vorsicht vor dem sommerlichen Klima: Mühsam sind die Sommertage, wenn afrikanische Hitze den Bewohnern den Atem nimmt, wenn der **Scirocco** roten Wüstensand vom nahen Afrika herüberträgt und alle Lebenslust erstickt. Um so angenehmer ist es, Syrakus im Frühling zu erleben.

Geschichte Auch wenn die ersten griechischen Kolonisten sich in Naxos niederließen – die griechische Geschichte Siziliens begann erst mit der Gründung von Syrakus durch Siedler aus Korinth **734 v. Chr.** Sie bemächtigten sich der kleinen, strategisch günstig liegenden Halbinsel Ortygia, die bereits vom 10. bis 8. Jh. v. Chr. von Sikulern besiedelt gewesen war.

Die neuen Bewohner trennten das etwa 1 km^2 große Ortygia durch einen Kanal vom Festland ab und legten anschließend einen Damm an. Die griechische Kolonie erlebte einen raschen wirtschaftlichen Aufstieg, dem eine 300 Jahre während Blütezeit folgte.

◁ *Sizilianischer Barock: San Giorgio in Ragusa, schwungvoll in den Formen, üppig im Dekor*

485 v. Chr. eroberte der Tyrann **Gelon** von Gela den Stadtstaat. Nach seinem gemeinsam mit Theron von Agrigent errungenen Sieg über die Karthager bei Himera 480 v. Chr. entwickelte sich Syrakus zu einer der mächtigsten und zugleich prächtigsten Städte des Mittelmeerraums und zog berühmte Dichter und Philosophen wie *Aischylos, Pindar* oder *Platon* an.

Lange Jahre konnten alle militärischen Angriffe von außen abgewehrt werden, 414 v. Chr. versuchte es Athen, 405 v. Chr. Karthago. Erst die **Römer** erwiesen sich als übermächtiger Gegner. Ein Bündnis mit Karthago gegen Rom besiegelte das

Uferpromenade zwischen Fonte Aretusa und Castello Maniace auf Ortygia

Schicksal von Syrakus. **212 v. Chr.** eroberte Rom die Stadt, die in der Folge in politische Bedeutungslosigkeit sank.

Auch die byzantinische, arabische und normannische Zeit vermochte es nicht, der Stadt ihre einstige Bedeutung zurückzugeben. *Palermo* hatte sich im Laufe der Jahrhunderte zur führenden Metropole Siziliens entwickelt. Heute ist Syrakus mit 126 000 Einwohnern die viertgrößte Stadt der Insel und eines ihrer wirtschaftlichen Zentren.

Ortygia

Kommt man vom Festland, stößt man kurz hinter der Brücke, die die Neustadt mit der Insel Ortygia verbindet, auf die *Piazza Pancali* mit spärlichen Überresten eines dorischen Tempels. Der **Apollon-Tempel** ❶ (Tempio di Apollo) aus dem 6. Jh. v. Chr., ältestes Heiligtum der Stadt, vielleicht sogar der ganzen Insel, besaß mit sechs Säulen in der Breite und 17 Säulen in der Länge Ausmaße von 24 × 58 m. Der lang gestreckte Grundriss und die sehr breiten und flachen Kapitelle sind typisch für die *archaische Zeit*.

Im Mittelalter wurde das Bauwerk erst von einer byzantinischen Kirche und einer Moschee, später von einer normannischen Basilika und einer spanischen Kaserne überbaut.

Der Weg zum Hafen lässt sich mit einem Bummel über einen interessanten **Markt** verbinden, der sich zwischen Apollon-Tempel und Porta Marina ausbreitet. Angeboten werden Obst und Gemüse, Fisch und Fleisch, aber auch Haushaltswaren und Kleider. Die anschließende Flaniermeile **Foro Italico** ❷ ist besonders an Sonntagen ein überaus beliebter Treffpunkt. An der engsten Stelle der Hafenpromenade schließlich entspringt die Quelle einer Nymphe, die **Fonte Aretusa** ❸. Die Existenz dieser Süßwasserquelle in unmittelbarer Nähe zum Meer wird von einer griechischen Sage umrankt: Flussgott *Alphaios* verliebte sich in *Arethusa*, als die Waldnymphe im Fluss badete. Um seinen Annäherungen zu entgehen, stürzte sie sich ins Meer. Artemis verwandelte sie daraufhin in eine Quelle. Alphaios aber, der Sohn des Meeresgottes Okeanos, eilte ihr

Das älteste Heiligtum der Stadt: der archaische Apollon-Tempel

nach und vermischte seine Wasser mit denen der Arethusa.

Das halbkreisförmig angelegte Wasserbecken ist mit *Papyrusstauden* bewachsen. Papyrus, das auch am nahe gelegenen Fluss Ciane wächst, ist in Europa

Wandlungsfähig: Verpackt in eine christliche Kirche hat der griechische Athena-Tempel die Jahrhunderte gut überstanden

überaus selten. Papyrus-Bögen, in Altägypten seit dem 3. Jt. v. Chr. aus dem Stängel der Pflanze hergestellt, werden heute in Syrakus, zumeist kitschig mit ägyptischen Motiven bemalt, als Touristenattraktion angeboten.

Eine Kaserne an der Südspitze der Insel umschließt das **Castello Maniace** ❹. Es ist nach dem byzantinischen Feldherrn *Maniakes* benannt, der Syrakus 1038 für kurze Zeit den Arabern entreißen konnte und die Festung anlegte. Ihr heutiges Aussehen, ein quadratischer Bau mit vier Ecktürmen, entstammt größtenteils einer Erweiterung unter *Friedrich II.* Zwei hellenistische **Bronzewidder** flankierten damals das Haupttor der Anlage. Heute ist nur noch einer von ihnen an Ort und Stelle zu bewundern, der zweite ist in das *Museo Archeologico* von Palermo [s. S. 29] umgezogen. Die Festung ist nur mit einer Sondergenehmigung zu besichtigen.

Auf dem Rückweg ins Zentrum von Ortygia bietet sich der Besuch der in der Via Capodieci gelegenen **Galleria Regionale di Palazzo Bellomo** ❺ (Mo–Sa 9–14, So 9–13 Uhr) an. Im Obergeschoss des alten Stauferpalastes aus dem 13. Jh. sind bedeutende Gemälde, darunter eine ›Verkündigung‹ (1474) von *Antonello da Messina* und das ›Begräbnis der hl. Lucia‹ (1609) von *Caravaggio*, untergebracht. Zu den Beständen des Museums gehören ferner Architekturfragmente und Kleinplastiken der frühchristlichen Epoche, byzantinische Kirchenkunst sowie alte Ansichten von Syrakus.

Die *Piazza Duomo*, ein im Halbrund angelegter Platz, wird von barocken Palazzi und dem frühchristlichen **Duomo Santa Maria delle Colonne** ❻ gerahmt. Der an dieser Stelle im 5. Jh. v. Chr. in Erinnerung an die siegreiche Schlacht von Himera errichtete *Tempel der Athena* wurde im 6. Jh. n. Chr. in eine dreischiffige Basilika umgewandelt. Man integrierte die dorischen Säulen in die Außenwände der Kirche und durchbrach die seitlichen Wände der Cella zu Arkaden.

Betrachtet man den Dom von der *Via Minerva* aus, so erkennt man die eingemauerten antiken *Säulen* und *Kapitelle*. Deutlicher sind die Spuren der griechischen Vergangenheit jedoch im **Kircheninneren**, das von imposanten dorischen Säulen beherrscht wird. Auch die Ausstattung des Gotteshauses ist z. T.

Inbegriff des Barock: Die Fassade von Santa Maria delle Colonne schuf Andrea Palma nach römischen Vorbildern

antiken Ursprungs: Ein Block vom Gebälk des Tempels dient heute als Altar. Und eine gewaltige hellenistische Vase wurde in normannischer Zeit in ein von Löwenfüßen getragenes *Taufbecken* umgearbeitet. Doch nicht alles ist antik, eine schöne Madonna *Antonello Gagginis* schmückt die Apsis des linken Seitenschiffes.

Zwei Erdbeben 1542 und 1693 richteten schwere Verwüstungen an, sodass umfassende Restaurierungsarbeiten erforderlich wurden, für die der Baumeister *Andrea Palma* aus Trapani verantwortlich zeichnete. In den Jahren von 1728 bis 1754 wurde der Kirche eine geschwungene, durch doppelte Säulenstellungen gegliederte **Barockfassade** vorgeblendet. Die breite Freitreppe wird von Statuen der Apostel Petrus und Paulus flankiert, die bewegte Fassadenkulisse von einer beeindruckenden Marienfigur bekrönt. Die Statuen schuf *Ignazio Marabitti*.

Neapoli

Schon bald erwies sich die Insel Ortygia als zu klein für die rasch anwachsende antike Stadt, und auf dem Festland entstanden neue Viertel. Während seiner Glanzzeit, als Syrakus von 1 Mio. Menschen bevölkert wurde, reichte das Stadt-

gebiet bis zum *Castello Eurialo* [s. S. 86]. Heute ist Neapoli, die **Neustadt**, von monotonen Neubauten geprägt. Doch inmitten des Betonmeers hat die größte und bedeutendste Ausgrabungsstätte von Syrakus mit Monumenten der griechischen

Die griechische Tragödie mit neuen Augen gesehen: Theaterfestspiele in Syrakus

Aus dem Fels geschlagen: Unter dem Einsatz von Tausenden Sklaven entstand das berühmte Theater von Syrakus, in dem noch heute antike Tragödien aufgeführt werden

und römischen Epoche überlebt, der **Parco Archeologico della Neapoli** (tgl. 9 Uhr – 1 Std. vor Sonnenuntergang).

Das am besten erhaltene Bauwerk des Archäologischen Parks ist das im frühen 5. Jh. v. Chr. entstandene **Teatro Greco** ➐. 472 v. Chr. erlebte die Spielstätte die Uraufführung der Tragödie ›Die Perser‹ von *Aischylos*. Unter *Hieron II.* kam es ab 238 v. Chr. zu größeren Umbauten.

Das größte Ohr der Welt: Orecchio di Dionisio, Steinbruch für die antiken Bauten

Tausende von Sklaven schlugen den gigantischen Zuschauerraum mit seinen 61 Sitzreihen aus dem harten Fels. Es entstand das größte Theater der griechischen Welt mit einem Durchmesser von 138 m und einem Fassungsvermögen von etwa 15 000 Zuschauern. In **römischer Zeit** wurde das Theater erneut umgestaltet. Für ihre *Zirkusspiele* benötigten die Römer einen größeren Bühnenbereich, sie versetzten den Bühnenbau nach hinten und verkleinerten den Zuschauerraum auf nur noch 42 Sitzreihen. Die Seiteneingänge wurden durch Tunnelbauten ersetzt, durch die man die wilden Tiere in die Arena trieb.

Jeden Sommer lebt das griechische Theaterspiel in Syrakus wieder auf, wenn von Mitte Mai bis Anfang Juli die Tragödien von *Aischylos*, *Sophokles* und *Euripides* bei den **Spettacoli Classici** aufgeführt werden.

Das Baumaterial für das Theater und die anderen Bauten des Grabungsgeländes kam aus den nahe gelegenen Steinbrüchen, heute unter dem Namen **Latomia del Paradiso** ➑, Paradies-Steinbruch, bekannt. Inmitten einer blühenden Parklandschaft erinnert nichts mehr daran, dass hier einst, nach der Niederlage der Athener 413 v. Chr., Tausende von *Kriegsgefangenen* unter unmenschlichen Bedingungen Steine klopfen mussten. 7000 Athener starben damals in den Steinbrüchen von Syrakus.

Einen dieser Steinbrüche bezeichnete *Caravaggio* 1586 als **Orecchio di Dionisio**, Ohr des Dionysios – wohl nicht nur wegen seiner Form. Der Legende nach soll hier der Tyrann Dionysios I. die Gespräche seiner Gefangenen belauscht haben. In der Tat ist die Akustik in der 65 m langen und 23 m hohen Grotte hervorragend. Die benachbarte **Grotta dei Cordari** (Seilmacher-Grotte) ist seit 1987 wegen Einsturzgefahr gesperrt.

Der Altar Hierons II., **Ara di Ierone II.** 9, ein fast 200 m langer und 23 m breiter Steinsockel, dessen Aufbauten nicht erhalten sind, liegt südlich des Teatro Greco. Er wurde im 3. Jh. v. Chr. zum Gedenken an die Befreiung der Stadt von dem Tyrannen Thrasybolos errichtet, ein Ereignis, das zu jener Zeit bereits 200 Jahre zurücklag. Einmal im Jahr wurden **Zeus** zu Ehren 450 Stiere geopfert.

Im 3. Jh. n. Chr. reichte den Römern das griechische Theater für ihre Zirkusspiele und Gladiatorenkämpfe nicht mehr aus. So entstand das **Anfiteatro Romano** 10, mit den gewaltigen Ausmaßen von 140 × 119 m eines der größten Amphitheater des römischen Imperiums.

Verlässt man den Archäologischen Park Richtung Osten, erreicht man über die Viale Teracati und die Viale Teocriti die **Basilica e Catacombe di San Giovanni** 11 (tgl. 9–13 und 14.30 Uhr – Sonnenuntergang). Die Basilica di San Giovanni, im 6. Jh. errichtet und später mehrfach umgebaut, wurde durch ein Erdbeben 1693 weitgehend zerstört.

Die unter der Basilika liegende **Cripta di San Marziano** ist die früheste Kirche von Syrakus, benannt nach dem *hl. Marcianus*, der hier 44. n. Chr. die erste christliche Gemeinde Siziliens gründete und später den Märtyrertod starb. Die Martersäule und das Grab des Heiligen sollen sich hier befinden. Im Jahr 62 soll **Apostel Paulus** an diesem Ort vor der jungen Christengemeinde gepredigt haben. Die Krypta in ihrer heutigen Form entstammt größtenteils dem 3. Jh. Ein späterer, normannischer Umbau hinterließ die vier Kapitelle mit Symbolen der Evangelisten, Matthäus als Engel, Johannes als Adler, Markus als Löwe und Lukas als Stier.

Vom Eingang aus gelangt man in die weit verzweigten **Katakomben**, die ab dem 4. Jh. angelegt wurden. Die Gänge und Rotunden werden von unzähligen

In diesem überdimensionalen ›Zelt‹ hoffen Pilger auf ein Wunder der tränenreichen Madonna delle Lacrime

Arcosol-Gräbern flankiert, deren Seitenwände früher bemalt waren.

Ein gefalteter Riesenkegel aus Beton von weitem wie eine überdimensionale Mütze aus steifem Papier wirkend, entpuppt sich von nahem als steriler Wallfahrtsort in geordnetem Grün. Mit einer Höhe von 80 m überragt das **Santuario della Madonna delle Lacrime** 12 (tgl. 7–13 und 15–20 Uhr), Heiligtum der weinenden Madonna, alle anderen Gebäude der Stadt. Die *Tränenmadonna*, eine Figur aus Gips, soll am 29. August 1953 im Zimmer einer kranken Frau Tränen vergossen haben, was zu ihrer Heilung führte. Und die Wunder setzten sich fort, Blinde begannen zu sehen, Stumme zu sprechen, und noch heute reisen Pilger aus ganz Sizilien an.

TOP TIPP

Direkt gegenüber der Pilgerstätte liegt im Park *Villa Landolina* ein Bau des 20. Jh. mit dem **Museo Archeologico Paolo Orsi** 13 (Di–So 9–13, Mi/Fr auch 15.30–18.30 Uhr). Das Museum gliedert sich in die drei Sektoren A, B, C. Der erste ist der *Vor- und Frühgeschichte* gewidmet, der zweite der *griechischen, römischen und christlichen Zeit* in Syrakus und Umgebung, der dritte Funden aus weiteren *griechischen Kolonien* der Insel.

TOP TIPP

Eine Rarität in Europa: Papyrusstauden an den Ufern der Ciane

Zu den Höhepunkten der Sammlung gehören die Funde aus den **Nekropolen von Pantalica** (13.–11. Jh. v. Chr.) im Sektor A. Vor allem die formschönen Vasen kommen durch die geschmackvolle Ausstellungsarchitektur ausgezeichnet zur Geltung.

Frisch auf den Tisch: Fisch gehört zu den liebsten Speisen der Sizilianer

Unter den reichhaltigen Funden aus Syrakus (Sektor B) ist die nach ihrem Entdecker benannte **Venus Landolina**, deren Schönheit Guy de Maupassant pries, die berühmteste. Es ist *Anadyomene*, die aus dem Meer gestiegene Venus, eine römische Nachbildung eines hellenistischen Originals. Aus dem 6. Jh. v. Chr. stammt die eindrucksvolle Statue der **Dea Madre**, einer Göttin mit säugenden Zwillingen an den Brüsten. – Umfangreich ist nicht zuletzt der Bestand an griechischen Vasen.

Wer sich für Architektur interessiert, kann sich anhand von **Modellen** und **Architekturfragmenten** der beiden Syrakuser Tempel des Apollon und der Athena in die griechische Baukunst vertiefen. Hier erkennt man Einzelheiten der Tempelarchitektur besser als an den unterschiedlich gut erhaltenen Originalbauten.

In einem weiteren Saal werden Geschichte und Funde aus der antiken Stadt **Megara Hyblaea** präsentiert, deren Reste nördlich von Syrakus heute inmitten petrochemischer Anlagen liegen.

Ausflüge

Wer nach soviel Stein naturnäheren historischen Spuren folgen will, kann einen Ausflug zur **Fonte Ciane** unternehmen, die stadtauswärts Richtung Canicattini liegt. Hübsch ist es hier und angenehm still. **Ovid** erzählt in seinen ›Metamorphosen‹, die Nymphe *Kyana* habe beobachtet, wie Hades Kore (Persephone) raubte [s. S. 71], und sie habe versucht, diesen Raub zu verhindern. Zur Strafe habe Hades sie in diese von Papyrusstauden umstandene Quelle verwandelt.

Die Syrakuser feierten jedes Jahr zur Erinnerung an Persephone ein Fest, bei dem sie als Opfergaben einen Stier und eine Kuh im **Quellteich** der Ciane ertränkten. Zu den besonderen Erlebnissen gehört eine **Bootsfahrt** von der Mündung der Ciane bis zur Quelle (Reservierungen bei Vella, Tel. 09 31 69 07 76).

Westlich von Syrakus, 7 km auf der Straße Richtung Belvedere, liegen die Ruinen des **Castello Eurialo** (tgl. 9 Uhr – 1 Std. vor Sonnenuntergang), eine der bedeutendsten griechischen Festungsanlagen überhaupt. Die Straße durchschneidet die 22 km lange Festungsmauer, die Dionysios I. Ende des 5. Jh. v. Chr. hinter einer strategisch wichtigen, unbewohnten Hochebene anlegen ließ. Von den Bastionen und Wehr-

Frühe Siedlungsspuren: In den Nekropolen von Pantalica, landschaftlich reizvoll gelegen, fand man Tausende von Gräbern aus dem 13. bis 8. Jh. v. Chr.

gängen der Festung aus hat man eine beeindruckende Sicht bis zum Meer.

Praktische Hinweise

Information: AAST, Via Maestranza 33, Ortygia, Tel. 09 31 46 42 55, Fax 0 93 16 02 04, Internet: www.flashcom.it/aatsr

APT, Via San Sebastiano 43, Tel. 0 93 48 12 00, Fax 0 93 16 78 03, Internet: www.apt-siracusa.it

Hotels

******Grand Hotel Villa Politi**, Via M. Politi Laudien 2, Tel. 09 31 41 21 21, Fax 0 93 13 60 61, Internet: www.villapoliti.com. Im Norden der Stadt bei den Ausgrabungsstätten gelegen, Palais aus dem 19. Jh. mit durchaus nostalgischem Charme.

******Jolly**, Corso Gelone 45, Tel. 09 31 46 11 11, Fax 09 31 46 11 26, Internet: www.jollyhotels.it. Modernes, bequemes Hotel mit Bar und ausgezeichnetem Restaurant.

 *****Gran Bretagna**, Via Savoia 21, Ortygia, Tel. 0 93 16 87 65, Fax 0 93 14 62 69, Internet: www.hotelgranbretagna.it. Im 1. Stock finden sich Fresken an der Decke, auch die restlichen 19 Zimmer sind freund-

lich und modern eingerichtet. Ein gutes Restaurant ist dem kleinen Hotel angeschlossen.

Restaurants

Pescomare, Via S. Landolina 6, Ortygia, Tel. 0 93 12 10 75. Ausgezeichnete Fischgerichte, die im Sommer in einem schönen Hof serviert werden (Mo geschl.).

Il Cenacolo, Via del Consiglio Reginale, Corte degli Avolio 9 – 10, nahe der Piazza Archimede, Tel. 0 93 16 50 99. Hübsche und ruhige Terrasse unter Palmen, gute Pasta und abends auch Pizza.

La Foglia, Via Capodieci 49, nahe der Fonte Aretusa, Tel. 0 93 16 62 33. Kreativ und liebevoll ausgestattetes Restaurant mit individuell gestalteten Speisekarten. Die Restaurantinhaber empfehlen ihren Gästen höchstpersönlich die meist vegetarisch oder nach uralten sizilianischen Rezepten zubereiteten Gerichte. Originell und unkonventionell!

Nachtleben

Auf **Ortygia** kann man an der *Piazza Duomo* rund um die *Fonte Aretusa* die ganze Nacht flanieren und in den Cafés das rege Treiben beobachten.

23 Pantalica

Bedeutende Totenstadt mit über 5000 Gräbern in faszinierender Berglandschaft.

Nördlich von Syrakus lassen sich frühe Besiedlungsspuren der *Sikuler* entdecken: An den steilen Felshängen des Pantalica-Plateaus, in nur schwer zugänglichem Gelände, entfaltet sich eine unglaubliche Gräberlandschaft.

Man erreicht die weitläufigen **Necropoli di Pantalica** von Syrakus aus über die N 124 Richtung Sturla. In den Sommermonaten verkehren Busse der Forstverwaltung im Tal des Flusses *Anapo*, einer landschaftlich äußerst reizvollen Strecke. Die Felswände sind mit Tausenden von schwarzen Löchern übersät. Diese größte Gräbergruppe Siziliens besteht aus etwa 5000 in den Fels geschlagenen Kammern.

Die Anzahl der Gräber deutet auf eine große und bedeutende sikulische Ansiedlung hin, von der jedoch nur ein einzelnes Steinhaus erhalten blieb. So müssen die **Grabbeigaben**, die heute größtenteils im Museo Archeologico in Syrakus [s. S. 85] ausgestellt sind, die Geschichte der untergegangenen Stadt erzählen. Anhand von Hausgeräten, Tongefäßen und Waffen ließ sich die Entstehung der Gräber und damit das gleichzeitige Bestehen der Siedlung in die Zeit vom 13. bis 8. Jh. v. Chr. datieren.

24 Palazzolo Acreide

Die Tochterkolonie von Syrakus stand immer im Schatten der großen griechischen Küstenstädte.

664 v. Chr. gründeten Siedler aus dem 35 km entfernten *Syrakus* zum Schutz des Hinterlandes die Stadt **Akrai**. Der auf 700 m Höhe gelegene Ort errang jedoch nie die Bedeutung der großen griechischen Küstenstädte. 480 v. Chr. kämpfte Akrai an der Seite von Syrakus und Agrigent gegen die Karthager und errang damit den bedeutendsten Sieg seiner Geschichte.

Die antiken Ruinen liegen oberhalb des neuzeitlichen Städtchens Palazzolo Acreide, das 1693 bei einem Erdbeben fast völlig zerstört wurde und anschließend im Barockstil wieder auferstand.

Das besterhaltene Bauwerk des antiken Akrai ist ein in den Fels geschlagenes **griechisches Theater**. *Hieron II.*, Bauherr des großen Theaters von Syrakus, ließ es im 3. Jh. v. Chr. errichten. Die

im Halbrund angeordneten Sitzreihen boten etwa 600 Zuschauern Platz. Außerdem erkennt man noch einige gepflasterte Straßenzüge und den Versammlungsort, das viereckige *Buleuterion*. In den antiken Steinbrüchen der Stadt haben sich Katakomben aus christlich-byzantinischer Zeit erhalten.

25 Noto

Beeindruckende Barockstadt zwischen Verfall und Restaurierung.

Es war sogar den Zeitungen in Deutschland eine Notiz wert, als im März 1996 die Kuppel des Domes von Noto, der einstmals schönsten Barockstadt Siziliens, einstürzte. Zurück blieben ein Trümmerfeld und große Ernüchterung bei den Liebhabern des **sizilianischen Barock**. Die Stadt verfällt, an allen Ecken und Enden bröckelt es. Gerüste bestimmen seit Jahren das Bild der Stadt, stützen Gesimse, Balkone, Mauern, um deren Verfall aufzuhalten. Längst sind aus Sicherheitsgründen nur noch Teile der historischen Schätze der Stadt zu besichtigen.

Immerhin hat man nun mit der Wiederherstellung des Doms begonnen, die Kuppel soll bis ca. 2005 rekonstruiert werden.

Geschichte Im Januar 1693 erschütterte ein **Erdbeben** den Osten Siziliens und zerstörte das alte Noto (Noto Antica). Auch die umliegenden Städte Modica, Ragusa, Scicli, Comiso und

Zeugnis des frühen Christentums: die Katakomben von Akrai

Im Frühjahr 1996 verlor der prächtige barocke Duomo Santi Nicola e Corrado in Noto seine imposante Kuppel, doch sie wird derzeit originalgetreu wieder hergestellt

Grammichele wurden dem Erdboden gleich gemacht. Der Reichtum von Noto ermöglichte einen relativ raschen Neubau der Stadt 15 km südöstlich der alten Ansiedlung. Der sizilianische Architekt **Giovanni Battista Landolina** entwarf auf dem Reißbrett eine prächtige Barockstadt mit großzügigen Plätzen, zahlreichen Kirchen, Klöstern und Palästen, die im frühen 18. Jh. innerhalb weniger Jahrzehnte verwirklicht wurde.

Besichtigung Alle wichtigen Sehenswürdigkeiten Notos liegen zwischen den beiden Hauptstraßen *Corso Vittorio Emanuele* und *Via Cavour*. Eine der prächtigsten Barockkirchen der Stadt, die **Chiesa San Domenico**, von Rosario Gagliardi 1703–27 einer meisterhaften Skulptur gleich angelegt, beherrscht die Piazza XVI Maggio. Die schwungvolle Fassade mit konvexen Mauern, Säulen und halbschattigen Nischen verbirgt wie bei fast alle Kirchen Notos einen weitaus bescheideneren Innenraum (Besichtigung der Gotteshäuser Notos meist nur während der Gottesdienstzeiten).

Eine breite Treppe führt an der Piazza Municipio hinauf zum **Duomo Santi Nicola e Corrado**, der gleich in der ersten Phase des Wiederaufbaus der Stadt, noch 1693, begonnen wurde. Der Architekt des

Doms ist nicht bekannt, der Entwurf jedoch der Kirche *Notre-Dame in Versailles* nachempfunden. Acht frei stehende Säulen mit korinthischen Kapitellen gliedern das Untergeschoss der breiten **Hauptfassade**. Vier Säulen im Obergeschoss rahmen das giebelgekrönte Mittelfeld, das von massigen, gedrungenen Türmen flankiert wird. Erst 1771 war das Bauwerk,

Schneiden den ganzen Tag Grimassen: makellos restaurierte, bei Touristen beliebte Greifenkonsolen des Palazzo Villadorata

das voraussichtlich bis 2005 wieder instand gesetzt sein wird, vollendet.

Dem Achselzucken, mit dem die Stadtregierung auf den bröckelnden Dom reagierte, haben Künstler und Intellektuelle einen Aufruf an die Bevölkerung entgegengesetzt: Wem als Bewohner Notos daran liege, die Stadt zu erhalten, und zwar für ihre Bewohner und nicht als Touristenattraktion, der solle mit einer Spende zu ihrer Sanierung beitragen. Immerhin arbeiten an einigen Ecken der Stadt auch von der **UNESCO** unterstützte Handwerker am Erhalt des ›Gartens aus Stein‹, wie Noto auch genannt wird.

Dem Dom gegenüber liegt der 1746 errichtete **Palazzo Ducezio**, in dem heute das Rathaus untergebracht ist. Dem elegant gerundeten Barockbau wurde 1951 ein Stockwerk aufgesetzt und damit die Harmonie des Gebäudes erheblich gestört.

Grimmig starren Greifen von den Balkonkonsolen des **Palazzo Villadorata** in der Via Nicolaci, einem fantasievoll geschmückten, 1737 von *Paolo Labisi* entworfenen Adelspalast.

Ein bisschen abseits, an der Piazza Manzini, steht die schön auf den Platz abgestimmte **Chiesa Santissimo Crocifisso**, 1728 begonnen und nie vollendet. Im rechten Seitenschiff steht *Francesco Lauranas* Marmorstatue ›Muttergottes mit Kind‹ von 1471.

Für den Genuss zu besonderen Anlässen schafft der Konditor Corrado im **Caffè Siciliana**, am Corso Vittorio Emanuele 125, barocke Kuchenlandschaften: süße Architektur aus kandierten Früchten und Zimt. Hier, so erzählt man, lassen sich die adligen Gäste wie in den guten alten Zeiten noch heute mit ›Eurer Ehren‹ anreden.

Einige Kilometer hinter *Noto Marina* liegt das Grabungsgelände von **Eloro**, wo sich bereits Ende des 8. Jh. v. Chr. Griechen ansiedelten. Die archäologischen Untersuchungen in Eloro begannen Ende der 60er-Jahre des 20. Jh. Eine Trasse mit Wagenradspuren hat man entdeckt, vermutlich ein Stück der *Via Elorina*, die nach Syrakus geführt haben soll, außerdem Reste eines Demeter-Tempels, eines griechischen Theaters und Grundmauern einer Basilika.

In dieser Gegend gibt es einige schöne **Sandstrände** und stille Buchten, die von ausländischen Touristen noch kaum entdeckt sind. An den Wochenenden und Feiertagen kommen bevorzugt Sizilianer hierher.

Praktische Hinweise

Information: APT, Piazzale XVI Maggio, Tel./Fax 09 31 57 37 79

Hotel
**Meeting Club, Noto Marina, Tel./Fax 09 31 81 23 44. Kleines, angenehmes und komfortables Haus, im 2. Stock mit Meeresblick.

Restaurant
Trattoria del Carmine, Via Ducezio 9, Tel. 09 31 83 87 05. Nettes Lokal im Herzen von Noto, hervorragende sizilianische Küche (Mo geschl.).

26 Cava d'Ispica und Ispica

Nekropolen, Katakomben und Höhlenwohnungen.

5 km östlich von Modica liegen in einem 13 km langen Tal die **Höhlen von Ispica** (Cava d'Ispica, tgl. 9 – 19.30 Uhr). Hunderte, z. T. mehrgeschossige Grotten wurden hier in den Fels geschlagen.

Im Lauf einer bewegten Geschichte dienten die Höhlen abwechselnd als **Wohn-** und **Begräbnisstätten**: In prähistorischer Zeit wurden sie noch bewohnt, die Sikuler nutzten sie als Nekropolen, die Christen als Katakomben und im Mittelalter fungierten sie wieder als Wohnungen. Die sehenswertesten sind die *Grotta di San Nicola* mit byzantinischen Freskenfragmenten und *Urutti Giardina*, eine christliche Grabhöhle, sowie *San Pancratis*, eine byzantinische Kirchenruine (Information, Tel. 09 32 77 16 67).

Ispica selbst, ein hübsches Barockstädtchen, liegt 15 km von den Grotten entfernt. Vor einigen Jahren hat man damit begonnen, im **Parco della Forza** (tgl. 9 – 13, im Sommer auch 16 – 19 Uhr) die Überreste einer alten Festung auf dem Ausläufer des Höhlenfelsens auszugraben. Hier lag bis zum großen Erdbeben von 1693 der Stadtkern des schon in der Vorgeschichte bewohnten Ortes.

27 Modica

Eine reizvolle Perle des sizilianischen Barock.

Modica ist ein weiteres schönes Beispiel für die nach dem Erdbeben von 1693 im Südosten der Insel neu entstandenen Barockstädte. Im Unterschied zu Noto

Modica hat an nichts gespart: Formvollendeten Barock zeigt die Turmfassade von San Giorgio

behielt man jedoch beim Wiederaufbau die alte Lage an einem Felssporn bei.

Wahrzeichen Modicas ist die **Chiesa San Giorgio** am *Corso Garibaldi*, die mit ihrem runden, hoch aufragenden Kirchturm die Stadtsilhouette beherrscht. Der schöne Sakralbau wurde bereits im Jahr 1643 begonnen, das große Erdbeben unterbrach die Arbeiten jedoch für einige Zeit. Mit neuen Plänen baute man schließlich weiter. Der Entwurf von San Giorgio wird *Rosario Gagliardi* zugeschrieben.

Man erreicht die Kirche mit ihrer breiten, reich verzierten **Fassade** über eine 250 Stufen zählende, *monumentale Freitreppe*. Fünf Portale leiten in das fünfschiffige, basilikale **Kircheninnere** über. Dem aufwendigen Äußeren entspricht die üppige Ausstattung mit einem zehnteiligen Polyptychon von *Bernardino Niger* (1513) und einem illuminierten Orgelprospekt.

Die Hanglage Modicas scheint bei den Architekten eine Vorliebe für aufwendige Treppenkonstruktionen hervorgerufen zu haben. So können auch Barockkirchen wie **San Pietro** und **San Giovanni Evangelista** erst nach dem Erklimmen einer monumentalen Freitreppe besichtigt werden. Sehenswert ist auch die Höhlenkirche **San Nicolo Inferiore**.

Auferstanden aus Ruinen: Nach einem verheerenden Erdbeben wurde das in den Monti Iblei gelegene Ragusa wieder aufgebaut

Hotel
*****Motel di Modica**, Corso Umberto, Tel. 09 32 94 10 22, Fax 09 32 94 10 77. Gute Unterkunft im Herzen der Stadt.

Restaurant
Fattoria delle Torri, Vico Napoletano 17, Tel. 09 32 75 12 86. Ausgezeichnetes Lokal mit traditioneller Küche und köstlichen Eigenkreationen. Hervorragende Weinkarte (So/Mo geschl.).

28 Ragusa

Barock, wo man hinschaut: Altstadt und Neustadt konkurrieren um die prächtigsten Bauten.

Die Provinzhauptstadt Ragusa erstreckt sich über mehrere Hügel. Im Osten, auf einer Höhe von 385 m, liegt das etwas verschlafen wirkende Ragusa Ibla, im Westen, auf 498 m, die lebhafte, im 18. Jh. entstandene Oberstadt Ragusa. Eine tiefe Schlucht trennt die beiden Bezirke voneinander ab.

Ragusa Ibla, die seit der Antike besiedelte Altstadt, wurde nach dem Erdbeben 1693 wieder aufgebaut. Inmitten enger, mittelalterlicher Gassen ragt ein barockes Meisterwerk empor, die **Basilica San Giorgio**. Nach Plänen des Architekten *Rosario Gagliardi* entstand das Bauwerk zwischen 1738 und 1775. Über einer monumentalen Freitreppe erhebt sich eine dreigeschossige, durch korinthische Säulen gegliederte Fassade, deren Mittelteil in einem *Glockenturm* gipfelt.

Die **Oberstadt** von Ragusa besitzt ebenfalls ein barockes Gesicht. Sie wurde zu Beginn des 18. Jh. unweit der Altstadt mit regelmäßigen Straßenzügen neu angelegt. Das Zentrum liegt um die *Piazza San Giovanni* und die Straßen Corso Via Veneto und Corso Italia. Hier pulsiert das Leben. Das bedeutendste Bauwerk dieses Viertels ist der **Duomo San Giovanni**, der zwischen 1706 und 1760 erbaut wurde. Die Fassade der dreischiffigen Basilika wird im oberen Geschoss durch korinthische Säulen aufgelockert. Seitlich erhebt sich ein hoher Glockenturm.

Information: AAPIT, Via Capitano
Bocchieri 33, Tel. 09 32 62 14 21,
Fax 09 32 62 34 76, Internet:
www.ragusaturismo.com

Hotel

***Montreal**, Via San Giuseppe 8,
Tel./Fax 09 32 62 11 33. Angenehme
Unterkunft in der Oberstadt mit ruhigen
Zimmern.

Restaurant

U Saracinu, Via del Convento 9,
Ragusa Ibla, Tel. 09 32 24 69 76. Neben
deftig-ländlichen Fleischgerichten sind
die *Ravioli con ricotta* eine Spezialität
dieses Restaurants (Mi geschl.).

29 Donnafugata

*Schauplatz aus dem Roman ›Der Leopard‹
oder einfach nur ein Palast?*

*Barockstadt Ragusa: San Giuseppe wirkt
wie ein Schmuckkästchen*

11 km südlich von Ragusa liegt eine
Palastanlage mit Namen Donnafugata
(Di – So 9 – 12.30 und 15.30 – 18.30 Uhr,
im Winter nur vormittags). 1648 hatte
Baron von Serri mit der Bebauung des
Grundstücks begonnen. Der Palast in seiner heutigen Form, einem **Stilgemisch**
verschiedener Epochen, stammt jedoch
größtenteils aus dem 19. Jh.

Nach dem Erscheinen des berühmten
Romans ›Der Leopard‹ (Il Gattopardo)
von **Giuseppe Tomasi di Lampedusa**
im Jahr 1958 gab es Spekulationen darüber, ob der dort erwähnte Palast Donnafugata mit der gleichnamigen Anlage
bei Ragusa identisch sei. Obwohl sich
regelmäßig literarisch interessierte Reisende auf den Weg nach Donnafugata
machen, wird es immer ein Rätsel bleiben, ob diese Palastanlage dem Schriftsteller tatsächlich als Vorbild diente.

Gab Anlass zu Spekulationen: die Palastanlage von Donnafugata

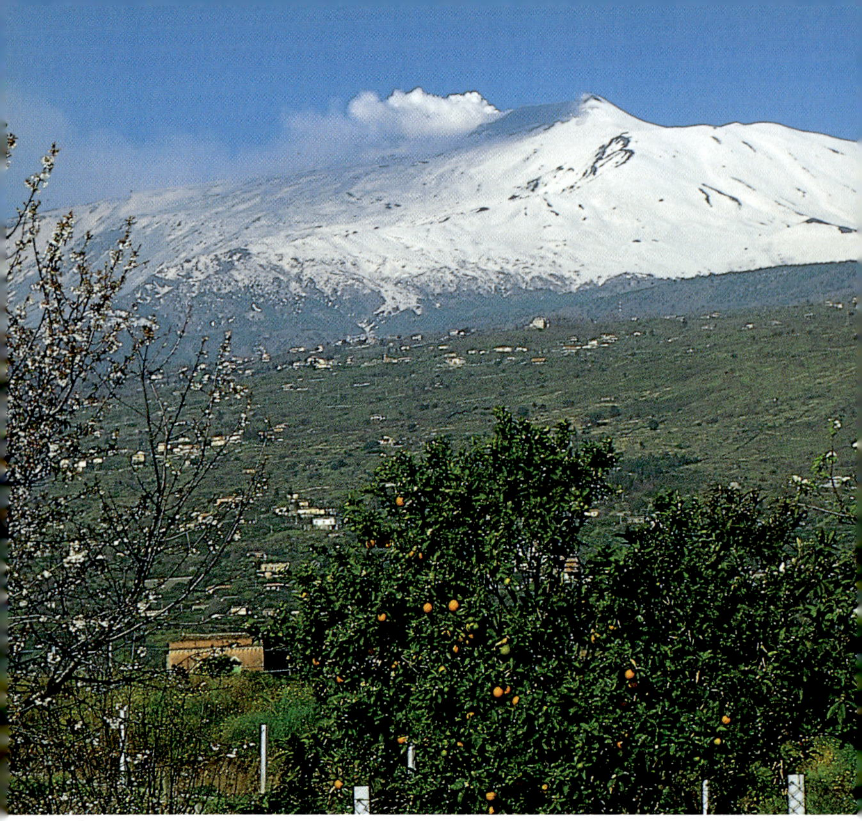

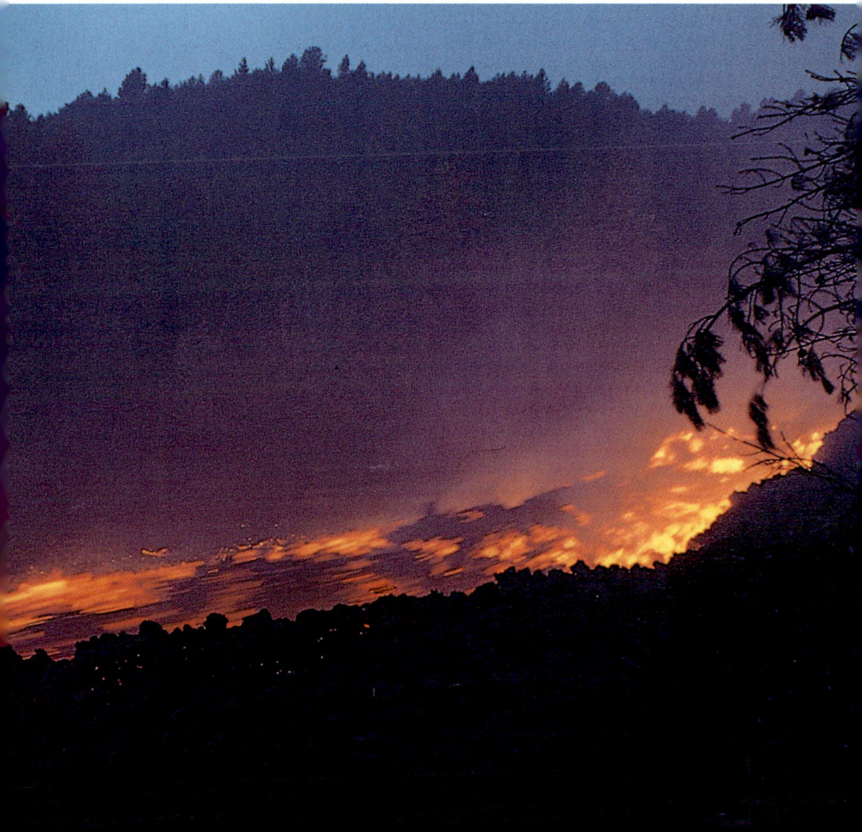

Catania und der Ätna –
Leben im Angesicht des Vulkans

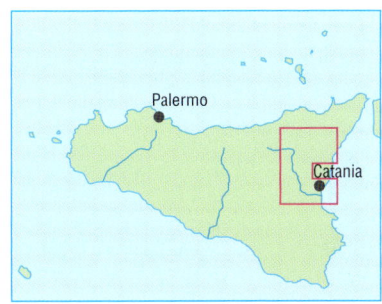

Palermo

Catania

Die Geschichte von Catania ist aufs Engste mit dem Ätna verknüpft. In nur 30 km Entfernung gelegen, hat die Stadt im Lauf der Jahrhunderte mehrmals die geballte Kraft des Vulkans zu spüren bekommen. Obwohl **Catania** auf eine lange Geschichte zurückblicken kann, sind Zeugnisse aus der Antike und dem Mittelalter äußerst rar. Seit der griechischen Epoche ist die Stadt am Fuße des Ätna durch **Erdbeben** und **Vulkanausbrüche** einige Male vollständig zerstört worden. Doch die Bewohner bauten sie immer wieder auf, zuletzt nach dem schweren Erdbeben von 1693. Catanias barockes Zentrum hat Großstadtflair und lohnt einen Besuch. Außerdem bietet sich die Stadt als Ausgangspunkt für Ausflüge zum **Ätna** an, dem letzten großen aktiven Vulkan Europas. Hier eröffnet sich den Reisenden ein einzigartiges Naturschauspiel, das bei einem ›Jahrhundertausbruch‹ wie dem im Sommer 2001 mit seiner Faszination und Bedrohlichkeit die ganze Region in Atem hält.

30 Catania
Plan Seite 96

Ein Leben im Schatten des Vulkans.

Catania ist mit 370 000 Einwohnern **zweitgrößte** Stadt und zugleich wirtschaftliches Zentrum Siziliens. Bei den ausländischen Besuchern genoss die ›Tochter des Ätna‹ lange Zeit nicht gerade den allerbesten Ruf. Doch während der Amtszeit des Bürgermeisters *Enzo Bianco* (1993–99) änderte sich einiges. Die langjährige Mafiahochburg wandte sich gegen die Korruption, und der Kampf gegen die hohen Kriminalitätsraten war von Erfolg gekrönt – erstmals sanken sie beträchtlich. Gleichwohl ist in gewissen Gegenden noch immer mit Diebstählen zu rechnen, vor allem, wenn Touristen allzu sorglos mit ihren Wertgegenständen umgehen. Was aber die Attraktivität der Stadt betrifft, verhelfen EU-Fördermittel die Restaurierung ihrer historischen Sehenswürdigkeiten Stück für Stück in Angriff zu nehmen, und so vermag Catanias Innenstadt durchaus wieder zu faszinieren.

Geschichte Obwohl der Feuer speiende Ätna, wie es auf den ersten Blick scheint, alle Spuren der Vergangenheit ausradiert hat, lässt sich die Geschichte Catanias recht genau rekonstruieren. Gesichert ist, dass das griechische **Katane** 729 v. Chr. nach der gewaltsamen Eroberung einer älteren *sikulischen Ansiedlung* an der Ostküste Siziliens gegründet wurde.

Stürmisch verlief das 5. Jh. v. Chr. Doch daran hatte nicht nur der Vulkan Schuld. **Hieron I.** eroberte Katane 476 v. Chr., vertrieb seine Bewohner und nannte die Stadt fortan *Aitna*. Doch bereits 461 v. Chr. kam es zur Rückeroberung. Und die Bewohner Catanias gaben der Stadt sogleich ihren alten Namen wieder. Ende des 5. Jh. fegte dann **Dionysios I.** über Katane hinweg und verkaufte die Einwohner in die Sklaverei.

Seit der Stadtgründung wirft aber auch der **Ätna** seinen bedrohlichen Schatten über Catania. Bauwerke aus griechischer Zeit sind längst verschwunden, zerstört beim Ätna-Ausbruch 121 v. Chr.

Die eigentliche *Blütezeit* begann mit der Eroberung der Stadt durch die **Römer** im Jahr 263 v. Chr. Die neuen Machthaber bauten Catania zur größten Stadt Siziliens aus, in den nachchristlichen Jahrhunderten entstanden bedeutende Bauten wie das Teatro Romano und das Anfiteatro Romano, die ältesten, zumindest noch in Überresten existierenden Bauwerke.

◁ *Die zwei Gesichter des Ätna: majestätisch im Ruhezustand, bedrohlich nach einem Ausbruch*

Musikalische Spaghetti

*Catania ehrt seinen berühmtesten Sohn, **Vincenzo Bellini**, auf vielerlei Art. Es gibt ein kleines Museum, eingerichtet in seinem Geburtshaus, und ein nach ihm benanntes **Opernhaus**. Und es gibt ›Spaghetti alla Norma‹. Wo immer man in Catania auch essen geht, überall stößt man auf der Speisekarte auf dieses Gericht, und das ist natürlich nicht nur ein Name, sondern zugleich eine Hommage an den Komponisten der bekannten Oper ›La Norma‹.*

*Vincenzo Bellini wurde in Catania 1801 geboren und starb 1835 in Puteaux bei Paris. Er ging nach Neapel und später zur **Mailänder Scala**, wo ›La Norma‹ uraufgeführt wurde und er seine größten Erfolge feierte. Weitere bekannte Opern Bellinis sind ›I Puritani‹ und ›I Pirati‹.*

Und was sind nun Spaghetti alla Norma? Nudeln mit einem Sugo aus Tomaten, Basilikum, gebackenen Auberginen und Ricotta-Käse. Wenn das keine Ehre ist!

Im Mittelalter fiel die Stadt in einen Dornröschenschlaf, aus dem sie erst im 15. Jh. wieder erwachte. Damals geriet Catania unter **aragonische Herrschaft**.

Die spanischen Regenten verlegten zwischenzeitlich sogar ihren Hof an die Ostküste Siziliens. Höhepunkt dieser Zeit war die Gründung der ersten sizilianischen **Universität** 1434.

Seit der Antike ist die Stadt nicht weniger als siebenmal durch Erdbeben oder Vulkanausbrüche vollständig zerstört worden. Die **Altstadt** von Catania, wie sie sich heute präsentiert, ist ein Werk des *Barock*, entstanden nach dem verheerenden Doppelschlag des 17. Jh.: 1669 Vulkanausbruch, 1693 Erdbeben. So entstand zu Beginn des 18. Jh. ein völlig neues Zentrum, erbaut größtenteils aus dunklem Lavagestein.

Besichtigung Als Ausgangspunkt für eine Stadtbesichtigung bietet sich die **Piazza del Duomo** ❶ an, das Zentrum des im 18. Jh. neu erbauten, barocken Catania. Der Platz liegt im Schnittpunkt der beiden rechtwinklig aufeinander treffenden Hauptachsen, der *Via Vittorio Emanuele* und der *Via Etnea*, und wird beherrscht von der 1736 geschaffenen **Fontana dell'Elefante**. *Giovanni Battista Vaccarini*, der für den Wiederaufbau der Stadt verantwortliche Baumeister, komponierte den Brunnen aus verschiedenen Kunstwerken früherer Jahrhunderte. Ein aus schwarzem Lavagestein gefertigter Elefant, vermutlich römischen Ursprungs, trägt einen 4 m hohen ägyptischen Obelisken auf dem Rücken

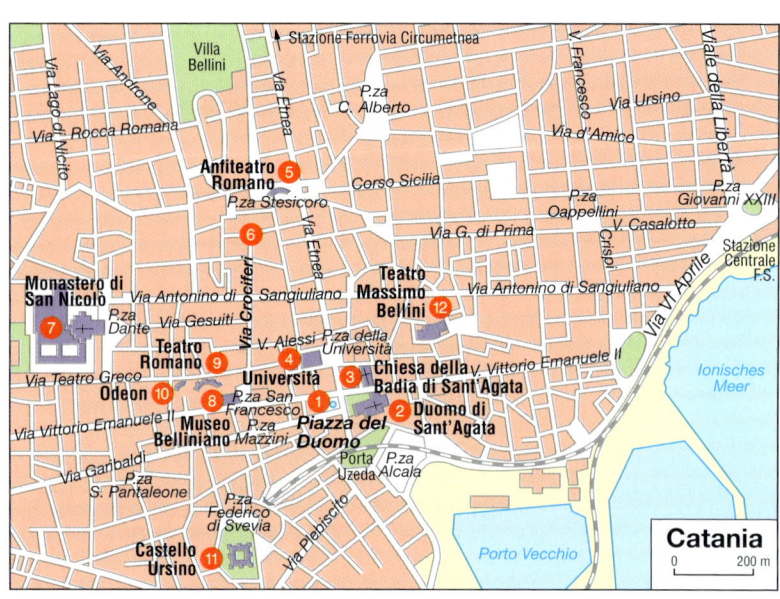

Zusammengesetzt: Die Fontana dell'Elefante in Catania besteht aus einem römischen Elefanten und einem ägyptischen Obelisken – die Idee stammt vom Star-Baumeister Bernini

und dazu noch ein christliches Kreuz. Das **Vorbild**, eine Skulptur Berninis auf der Piazza Minerva in Rom, ist unverkennbar. Der Brunnen mit Elefant und Obelisk, zwei Kunstwerke, die die verheerenden Naturkatastrophen der vergangenen Jahrhunderte überstanden hatten, avancierte bald zum **Wahrzeichen** des neuen Catania.

An der Ostseite des Platzes erhebt sich der **Duomo di Sant'Agata** ❷ (tgl. 9–12 und 16–19 Uhr). Von dem normannischen Vorgängerbau aus dem 11. Jh. blieben nur die **Apsiden** und das Querschiff erhalten, die geschickt in den Neubau einbezogen wurden. Die barock geschwungene **Fassade**, 1768 vollendet, wird z. T. durch antike Säulen gegliedert, die aus dem Teatro Romano stammen.

Bei der Neugestaltung des Doms behielt man den dreischiffigen Grundriss des älteren Baus bei. Im **Inneren** befindet sich am zweiten Pfeiler auf der rechten Seite das Grab des berühmten Komponisten **Vincenzo Bellini** (1801–1837), der zunächst in Paris begraben, 1876 dann aber in seine Heimatstadt überführt wurde.

Weitere Gräber, von Mitgliedern des aragonischen Königshauses, befinden sich in der **Cappella della Madonna**, u. a. das Grab Friedrichs II. und Friedrichs III.

In der **Sakristei** ist ein interessantes Fresko zu besichtigen, das kurz nach dem Vulkanausbruch von 1669 entstand und Giacinto Platania zugeschrieben wird. Es zeigt Catania, den **Ausbruch des Ätna** und die sich auf die Stadt zubewegenden Lavaströme aus der Vogelperspektive. Die Lava umfließt die Straßen der Stadt und das Castello Ursino, die Einwohner versuchen, sich auf Boote und Schiffe zu retten.

Die **Cappella di Santa Agata**, der Schutzpatronin Catanias, befindet sich in der rechten Apsis. Als junge Christin wurde Agathe unter *Kaiser Tiberius* verfolgt und auf dem Scheiterhaufen verbrannt. Ein **weißer Schleier**, den eine Frau über den brennenden Körper des nackten Mädchens geworfen hatte, färbte sich rot und ist neben den Überresten der Heiligen als kostbarste Reliquie in einem Silberkästchen verwahrt. Der Schleier wurde (und wird noch heute) in Prozessionen mitgeführt. Der Schutzpatronin wird nachgesagt, sie habe bereits mehrfach **Lavaströme** von Catania fern gehalten und damit die Stadt vor der sicheren Zerstörung bewahrt. Auch beim Ätna-Ausbruch 1669 legten die Einwohner das Schicksal der Stadt vertrauensvoll in ihre Hände. Doch die Lavaströme ergossen sich über Häuser und Straßenzüge. Die Legende besagt, die hl. Agathe habe die Lava am Meer aufgehalten.

Die Piazza del Duomo wird auf den anderen Seiten von barocken Palazzi gerahmt, dem **Palazzo degli Elefanti** (Rathaus), dem **Seminario dei Chierici**

Die Auswahl an Fisch ist groß auf der pittoresken Pescheria von Catania

(Priesterseminar) sowie den Adels-Palazzi Sammartino Pardo und Marletta. Bis in den Abend hinein ist der Platz Treffpunkt der Flaneure.

TOP TIPP Unterhalb der Piazza del Duomo findet die **Pescheria** (Mo–Sa vormittags), der schönste sizilianische Fischmarkt mit einem reichhaltigen Angebot, statt.

Jenseits der *Via Vittorio Emanuele*, direkt gegenüber vom Dom, erhebt sich eine weitere, der Stadtheiligen Agathe geweihte, barocke Kirche, die **Chiesa della Badia di Sant'Agata** ❸ (tgl. 8–11 Uhr). Der zwischen 1735 und 1765 entstandene quadratische Zentralbau, ein weiteres Werk *Vaccarinis*, wird von einer Kuppel gekrönt.

Vom Domplatz führt die *Via Etnea* einige Kilometer Richtung Ätna. Palazzi des 18. Jh. säumen die Hauptgeschäftsstraße Catanias. Hier laden elegante Boutiquen und erlesene Restaurants zum Bummel und Verweilen ein.

Folgt man der Via Etnea stadtauswärts, gelangt man zur *Piazza della Università*. Im alten Hauptgebäude der **Università** ❹ ist heute nur noch die Verwaltung untergebracht. Die Institute sind in benachbarten Palazzi untergebracht. Der Innenhof des Gebäudes besitzt einen zweifachen *Loggienumgang* sowie einen schwarz-weiß gemusterten Boden. Für die schwarze Musterung verwandte man das in der Umgebung Catanias so reich vorhandene Lavagestein.

Einige Straßenkreuzungen weiter stößt man auf die belebte *Piazza Stesicoro*, die mit ihren Straßencafés zu einer Rast einlädt. Am westlichen Ende des Platzes lassen sich die Überreste des **Anfiteatro Romano** ❺ aus dem 2. Jh. n. Chr. entdecken, die erst zu Beginn des 20. Jh. ausgegraben wurden: ein Teil der Nordhälfte der Ellipse mit äußerem und innerem Korridor, Bögen, Gewölben und Freitreppen. Die Strukturkontraste, die sich aus Lava, Marmor und Ziegelsteinen ergaben, müssen ausgesprochen dekorativ gewirkt haben. Mit Ausmaßen von 125 × 105 m bot die Arena etwa 15 000 Zuschauern Platz und zählte zu den größten römischen Amphitheatern auf Sizilien. Ab dem frühen Mittelalter verkam die Anlage zum Steinbruch.

Die Parallelstraße **Via Crociferi** ❻ besticht durch ein seit dem 18. Jh. unverändert erhalten gebliebenes Barock-Ensemble aus Palazzi, Kirchen und Klöstern. An der Kreuzung mit der *Via*

Der hl. Agathe geweiht – der Dom und die benachbarte Abteikirche der Märtyrerin im Zentrum der Altstadt von Catania

Alessi ist im Kloster der **Chiesa dei Gesuiti** heute die Kunsthochschule untergebracht. Das Gebäude besitzt einen sehr schönen Kolonnadenhof.

Von hier ist es nicht mehr weit zum **Monastero di San Nicolò** ❼. In den Räumen des ehem. Benediktinerklosters an der *Piazza Dante* hat sich heute die Universität einquartiert. Die im 16. Jh. errichtete Anlage erlitt bereits im 17. Jh. bei diversen Naturkatastrophen erhebliche Schäden, sodass im 18. Jh. eine umfassende Neugestaltung nötig wurde. Die **Chiesa di San Nicolò L'Arena** sollte der größte Sakralbau Siziliens werden, sie wurde jedoch nie vollendet. Die Klosterkirche besitzt ein dreischiffiges, recht schmucklos gehaltenes Inneres.

An der Ecke Via Crociferi/Via Vittorio Emanuele liegt die *Piazza San Francesco* mit dem Geburtshaus des Komponisten Vincenzo Bellini, dem heutigen **Museo Belliniano** ❽ (Mo–Sa 9–13, So 9–12.30 Uhr). Mit der kleinen Sammlung gedenkt die Stadt Catania ihres berühmten Sohnes. Zu den Ausstellungsstücken zählen Porträts, Briefe, handschriftliche Partituren und ein Spinett aus dem Nachlass seines Großvaters.

Die Via Vittorio Emanuele führt zum restaurierten **Teatro Romano** ❾ (Di– So 9 Uhr – Sonnenuntergang), das am

Südhang der antiken **Akropolis** liegt, heute aber fast im Häusermeer des modernen Catania verschwindet. Das aus Lavagestein und Marmor bestehende

Plätze ohne Aussicht: Zwischen Wohnhäusern eingeschnürt liegt Catanias eindrucksvolles Teatro Romano

99

Im Februar feiert Catania das Fest der Sant' Agata mit der Prozession der ›Cannaroli‹ (Kerzenständer). Die Schutzheilige hat die Stadt bereits mehrere Male vor Lavaströmen bewahrt

Halbrund wurde im 1. Jh. n. Chr. vermutlich auf den Überresten eines hellenistischen Vorgängers errichtet. Mit einem Durchmesser von 102 m fasste das beachtliche Bauwerk einst mehr als 7000 Zuschauer. Im 11. Jh. ließ der Normanne *Roger I.* die marmorne Verkleidung entfernen und für den Bau des Doms abtransportieren.

Direkt neben dem Theater liegt das kleine römische **Odeon** 🔟 für musikalische Veranstaltungen, das unter seiner überdachten Tribüne etwa 1300 Zuschauern Platz bot. Als Baumaterial kam ebenfalls Lavagestein zum Einsatz. Das antike Erbe der Stadt ist ansonsten jedoch eher spärlich. Südwestlich des Theaters, im Innenhof der **Chiesa San Pantaleone**, wird der Ort des römischen Forums vermutet. Nordöstlich davon, in der *Via della Rotonda*, sind die letzten Reste einer **Thermenanlage** zu begutachten, ein Rundbau mit einer auf acht Arkaden aufliegenden Kuppel. Das spätrömische Badehaus wurde im 6. Jh. zur Kirche umfunktioniert, drei Nischen zu Apsis und Seitenkapellen.

Über die Piazza Mazzini führt der Weg zur *Piazza Federico di Svevia*. Hier erhebt sich das von Friedrich II. zwischen 1239 und 1250 errichtete **Castello Ursino** 11 (tgl. 8.30–13 Uhr). Ursprünglich lag das quadratische Stauferkastell mit den vier vorspringenden Ecktürmen direkt am Meer. Die Lavamassen von 1669, denen die Burg sogar standhielt, haben jedoch den Küstenverlauf weiter nach Osten verlagert. In den Räumen des Kastells ist das **Museo Civico** untergebracht. Die Sammlung besitzt Exponate von antiker Zeit bis in die Gegenwart und zeigt zeitgenössische Kunstwerke der Collezione Zappalà.

Der Weg zurück in die Innenstadt führt durch die barocke *Porta Uzeda* aus dem Jahr 1696. Von der Piazza del Duomo über die Via Vittorio Emanuele erreichen Musikfreunde in einem etwa zehnminütigen Gang das **Teatro Massimo Bellini** 12 (Theatersaison: Nov.–April, Tel. 09 57 30 61 11). Architekt Carlo Sada orientierte sich in seinem Entwurf an der *Opéra-Garnier* von Charles Garnier in Paris. Nach einer langen Bauzeit wurde das Opernhaus am 31. Mai 1890 mit Bellinis Oper ›La Norma‹ eröffnet. Das Haus gilt als eines der schönsten seiner Art in Italien und verfügt über eine hervorragende Akustik. Der Bühnenvorhang, ›Der Sieg der Catanier über die Libyer‹, gefertigt 1883, stammt von Giuseppe Sciuti.

Praktische Hinweise

Information: AAPIT, Via Cimarosa 10, nahe Largo Paisiello, Tel. 09 57 30 62 11, Internet: www.apt.catania.it. – Im Flughafen, Tel. 09 57 30 62 66. – Am Bahnhof, Tel. 09 57 30 62 55

Flughafen: Aeroporto Fontanarossa, Catania, Tel. 09 57 23 91 11, 0 95 34 05 05, Internet: www. cormorano.net/aeroporto.catania

Kino

Odeon, Via Filippo Corredoni 5, am Park Villa Bellini. Moderner Filmpalast im Art déco-Stil, Glas- und Aluminium-Pracht.

Hotels

***Moderno**, Via Alessi 9,
Tel. 095 32 62 50, Fax 095 32 66 74.
Anders als der Name vermuten lässt,
ist das Hotel in einem Altbau untergebracht. Frühstück auf der Dachterrasse
mit Blick über die Altstadt.

Savona, Via Vittorio Emanuele 210,
Tel. 095 32 69 82, Fax 09 57 15 81 69.
Im Zentrum gelegenes, freundliches,
modernisiertes Altstadthaus, Zimmer
mit oder ohne Bad. Zur Straße hinaus
ist es allerdings etwas laut.

Restaurants

Don Pietro, Via Vittorio Veneto (im
Norden, Verlängerung der Viale della
Libertà). Der Wirt, ein früherer Mario-
nettenspieler, hat die Fäden auch dann
in der Hand, wenn es um die Qualität
der Küche geht.

Trattoria Don Saro, Viale della Libertà
129, Tel. 095 53 98 36. Keine Speisekarte, aber reichlich Stammgäste. Der
Fisch, den man sich am Eingang aus-
sucht, kommt wohlschmeckend zubereitet auf den Tisch.

Trattoria La Paglia, Via Pardo 23,
Tel. 095 34 68 38. In der Nähe des
Fischmarkts gelegen, steht hier selbst-
verständlich frischer Fisch auf der
Speisekarte (So geschl.).

Caffès

Al Caprice, Via Etnea 30 – 36. Sehr
gutes Eis und sizilianische Spezialitäten.

Gelateria del Duomo, Via Vittorio
Emanuele. Hausgemachtes Eis der
Spitzenklasse.

Savia, Via Etnea 302, gegenüber der
Villa Bellini. Hervorragendes Eis
und Cannoli, in Öl gebackene Teigrollen mit süßem Ricotta und kandierten
Früchten.

31 Ätna
Plan Seite 102
Giarre – Linguaglossa –
Randazzo – Adrano – Paterno –
Nicolosi

*Einer der letzten Feuer speienden Vulkane
Europas.*

Majestätisch erhebt sich der Ätna nicht
weit entfernt von der Ostküste Siziliens.
Der **Mongibello**, der ›Berg der Berge‹,
wie die Sizilianer den Ätna in einer latei-
nisch-arabischen Wortschöpfung nennen, ist einer der letzten aktiven Vulkane
Europas. Dank der Frühwarnsysteme der
Vulkanologen leben die Menschen am
Ätna heute jedoch nicht mehr ganz so
gefährlich. Auch für den Tourismus ist er
inzwischen erschlossen. Wenn der scheinbar schlummernde Drache also nicht
gerade Rauch und Asche speit, kann man
den Aufstieg wagen. Ein Ausflug hinauf
auf 3350 m, direkt an den Kraterrand, in
eine in Europa einzigartige Vulkanland-
schaft, zählt zu den großen Attraktionen
einer Sizilienreise.

Seit der Antike sind zahlreiche **Ätna-
Ausbrüche** überliefert, die stärksten
Eruptionen aus den Jahren 475 v.Chr.,
396 v.Chr., 36 v.Chr., 1329 und 1669.
Zwar liegt der letzte große Ausbruch
schon lange zurück, doch hat sich der
Vulkan keineswegs zur Ruhe gesetzt,
er raucht und brodelt ständig und immer
wieder. Auch im 20./21. Jh. kam es zu
einigen heftigen Eruptionen. 1983 bewegten sich die Lavamassen auf die Ortschaft
Nicolosi zu, 1992 auf **Zafferana Etnea**.
Auch im Sommer 2001 und im Herbst
2002 spuckte der Vulkan wieder rot
glühende Lava. Der Ausbruch 2001 be-
drohte zeitweilig erneut Nicolosi, vor
allem aber das Touristenzentrum Rifugio
Sapienza. Nachdem die Lava Anlagen
der Seilbahn und vereinzelte Häuser zerstört hatte, kam sie nur wenige Meter vor
der Siedlung zum Stehen. 2002 wieder-
holte sich das schaurig-schöne Szenario
an der Nordostflanke des Vulkans.

*Mondlandschaft: Die Krater des Ätna
bieten ein unheimliches Farbenschauspiel*

Mit der Bummelbahn Circumetnea erlebt man die Landschaft rund um den Ätna

Die Region um den Ätna war trotzdem schon immer dicht besiedelt. Die ständige Gefahr eines Vulkanausbruchs hat die Menschen keineswegs davon abgehalten, sich in seiner unmittelbaren Nachbarschaft anzusiedeln. Denn **vulkanische Erde** zählt zu den fruchtbarsten Böden überhaupt und bietet daher beste landwirtschaftliche Voraussetzungen. Nach einem Ausbruch dauert es allerdings etwa 200 Jahre, bis der Boden erneut genutzt werden kann. Zahlreiche Dörfer und auch größere Städte, erbaut aus dunklem Lavastein, ziehen sich wie ein Ring um den Vulkan.

Ätna-Umrundung

Wer sich eine Vorstellung von den riesigen Ausmaßen des Vulkans machen möchte, sollte sich zur Umrundung des Ätna entschließen. Dieser Ausflug ist sowohl mit dem Auto als auch mit dem Zug durchführbar. Die **Schmalspurbahn**

Francavilla di Sicilia
Castiglione
Gola d'Alcantara
Randazzo
120
Linguaglossa
Maletto
Taormina
120
Bronte
Ä t n a
Fiume-freddo
3350
Piano Provenzana
Torre del Filosofo
La Montagnola
Valle del Bove
Riposto
Milo
Giarre
Rifugio Sapienza
Zafferana Etnea
Adrano
Pozzillo
Biancavilla
Trecastagni
S. Maria di Licodia
Nicolosi
Acireale
Belpasso
Paternò
Aci Trezza
Aci Castello
Ätna
0   5 km
Misterbianco
Catania

der privaten Linie FCE (Ferrovia Circumetnea) und auch die fast parallel dazu laufende **Straße** bedienen die wichtigsten Orte der Region und passieren dabei verschiedene Landschafts- und **Vegetationszonen**. Bis zu einer Höhe von etwa 500 m überwiegt der Gemüseanbau. Zwischen 500 und 1300 m findet man Obstbäume, Orangen, Zitronen, Pfirsiche, aber auch Mandel- und Haselnusssträucher. Oberhalb von 1300 m beginnt der Kastanienwald. Doch mitten in der blühenden Landschaft tauchen immer wieder Lavafelder auf, die jedes Leben erstickt haben.

Ausgangspunkt für die Zugfahrt ist die Ortschaft **Giarre** nördlich von Catania. Die Bahn benötigt für die 110 km lange Strecke, die in Catania endet, etwa drei Stunden. Man muss die Strecke jedoch nicht in einem Schwung durchfahren. Da die Bahn tagsüber in regelmäßigen Abständen verkehrt, bietet es sich an, die eine oder andere **Zwischenstation** einzulegen und mit dem nächsten oder übernächsten Zug weiterzufahren.

Die erste Ortschaft, die man unterwegs passiert, ist die auf 550 m gelegene normannische Gründung **Linguaglossa**. Die einst prächtigen Pinienwälder ringsum fielen größtenteils dem Ätnaausbruch im November 2002 zum Opfer. Sehenswerter ist **Randazzo**. Obwohl das kleine Dorf nur etwa 15 km vom Kraterrand entfernt liegt, ist es noch nie von den Lavamassen überrollt worden. Doch schon einige Male hat nicht viel gefehlt, wie die erstarrten Lavaströme kurz vor der Ortschaft bedrohlich demonstrieren. In der *Altstadt* von Randazzo haben sich

Massentourismus auf 3000 m Höhe: Ganz oben am Krater des Ätna ist man nie alleine

etliche aus Lavastein errichtete Bauwerke erhalten. Außerdem gibt es drei sehenswerte Kirchen, allen voran die *Chiesa S. Maria* aus dem 13. Jh.

Hinter Randazzo, bei **Bronte**, erreicht die Bahn auf 760 m den höchsten Punkt der Strecke. Die nächste sehenswerte Ortschaft ist **Adrano**, die in ihrer mächtigen Normannenburg aus dem 11. Jh. ein *Archäologisches Museum* (Di–Sa 8.30–13.30, So 9–12 Uhr) beherbergt. Ausgestellt werden Funde aus prähistorischer und antiker Zeit. Nach einigen weiteren Kilometern erreicht der Zug **Paterno**, die größte Stadt an der Strecke und zugleich Zentrum des sizilianischen **Zitrusfrüchteanbaus**. Interessantestes Bauwerk ist eine von Roger I. erbaute *Festung*. Von hier ist es nun nicht mehr weit bis Catania.

Ätna-Besteigung

Wer den Ätna ganz aus der Nähe betrachten will, fährt zum **Rifugio Sapienza**. Von Catania erreicht man über **Nicolosi** den auf 1910 m gelegenen Ausgangspunkt für Kraterbesteigungen. Seit glühende Lava 2001 die hier beginnende Seilbahn zerstörte, bringen Jeeps die abenteuerlustigen Touristen zum **Torre del Filosofo** bis auf 2917 m. Die letzten Höhenmeter bis zum Krater müssen dann zu Fuß zurückgelegt werden. Eine Besteigung ist allerdings nur in Begleitung eines Bergführers möglich.

Der rätselhafte Turm des Philosophen

Torre del Filosofo *wird das römische Gemäuer nahe dem Observatorium genannt, um das sich die Legenden über den Tod des Philosophen und Arztes* **Empedokles** *(ca. 483–425 v. Chr.) aus Akragas ranken. War er nur leichtfertig und kam der tödlichen Glut zu nah? Oder hat er sich, um seine Sterblichkeit zu verbergen, wirklich in den brodelnden Krater geworfen? Dann hätte der Berg den Betrug verraten, indem er den Dichter verschluckte und dessen bronzene Sandalen an den Kraterrand spie.*

Praktische Hinweise

Information: Ente Parco Regionale dell'Etna, Via Etnea 107, Nicolosi, Tel. 0 95 91 45 88, Fax 0 95 91 47 38, Internet: www.parks.it/parco.etna

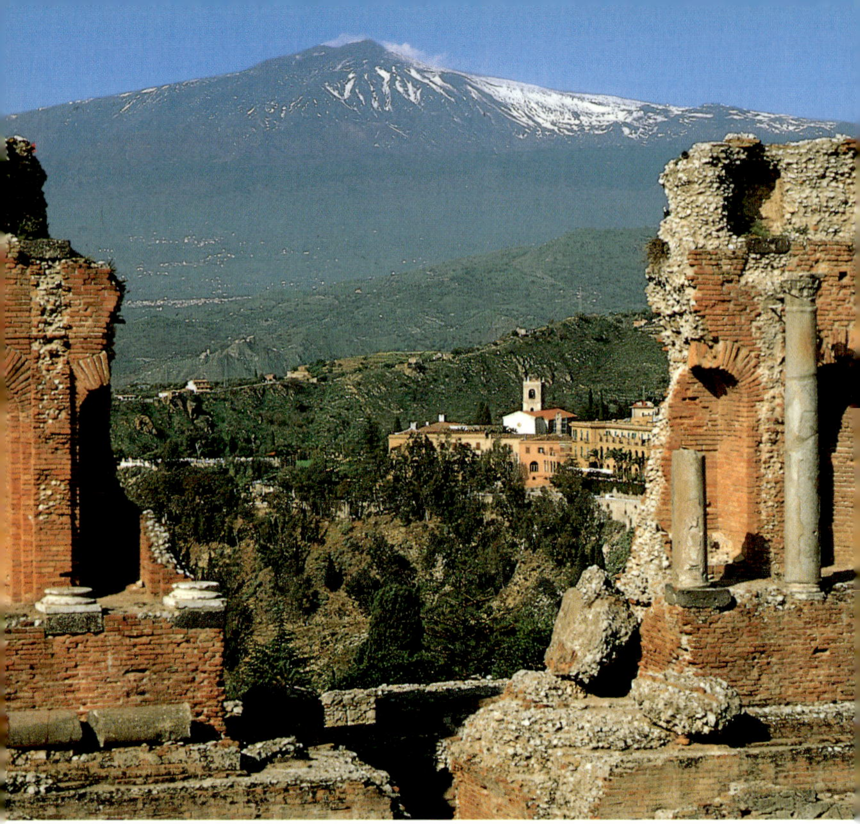

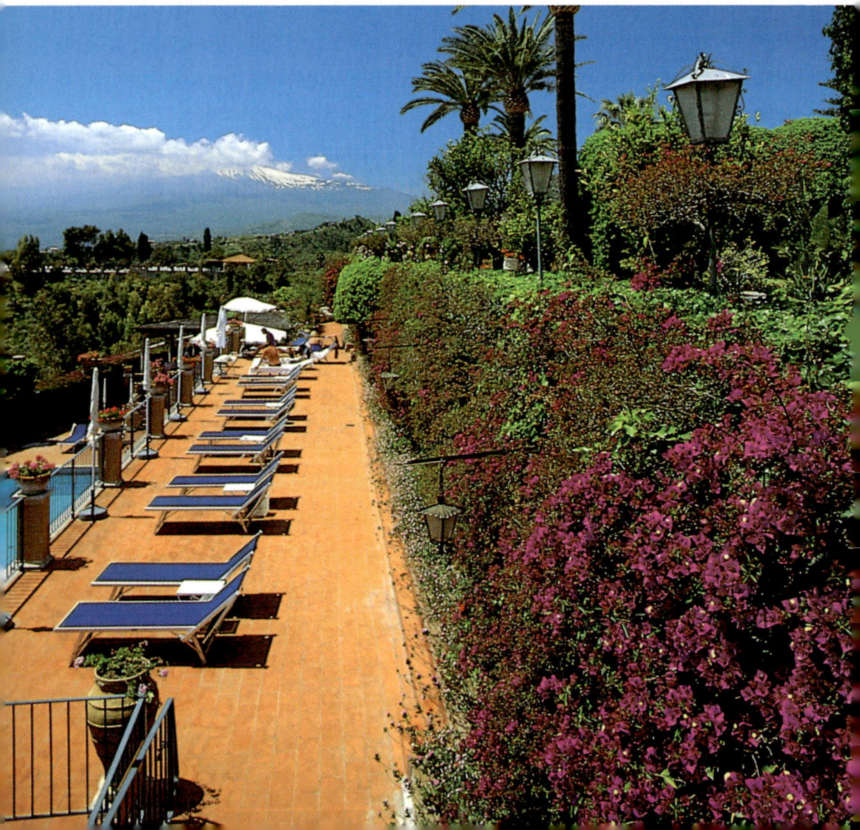

Taormina und die Ostküste – traumhafte Theaterkulisse im Land der Zyklopen

Taormina ist für Touristen die wohl anziehendste sizilianische Stadt. Die hinter dem Griechischen Theater aufragende Landschaftskulisse beeindruckte schon *Johann Wolfgang von Goethe* auf seiner Italienreise. Er notierte am 6. Mai 1787 in seinem Tagebuch: »Rechts zur Seite auf höheren Felsen, erheben sich Kastelle, weiter unten liegt die Stadt, und obschon diese Baulichkeiten aus neueren Zeiten sind, so standen doch dort vor alters wohl eben dergleichen auf derselben Stelle. Nun sieht man an dem ganzen langen Gebirgsrücken des Ätna hin, links das Meerufer bis nach Catania, ja Syrakus; dann schließt der ungeheure, dampfende Feuerberg das weite, breite Bild, aber nicht schrecklich, denn die mildernde Atmosphäre zeigt ihn entfernter und sanfter, als er ist.« Und dann, nachdem er über die Steinstufen des Griechischen Theaters hinuntergeblickt hat: »Das ungeheuerste Natur- und Kunstwerk.«

Von Taormina aus, wohin heute die Touristen zu Tausenden kommen, lassen sich einige interessante Ausflüge in die Umgebung unternehmen: zur **Gola d'Alcantara**, einer atemberaubenden Schlucht, zur bedeutenden Normannenkirche **Santi Pietro e Paolo** und an die **Zyklopenküste**, wo die Strände schöner sind als in Taormina selbst.

32 Aci Castello und Aci Trezza

Wo früher Polyphem mit Steinen um sich warf, hat heute der Tourismus Einzug gehalten.

An der landschaftlich reizvollen Zyklopenküste zwischen Catania und Taormina gibt es in unmittelbarer Nachbarschaft zu Catania drei Ortschaften [s. a. Nr. 33], deren Vorsilbe ›Aci‹ an eine Liebesgeschichte aus **Ovids** ›Metamorphosen‹ erinnert.

Die Nymphe **Galatea** liebte den Hirten **Aci**. Von Eifersucht gepackt erschlug ihn der Zyklop Polyphem. Daraufhin verwandelte Poseidon Aci in einen Fluss, in dem sich die Liebenden vereinten.

◁ **Oben:** *Traumkulisse – das antike Theater von Taormina mit dem schneebedeckten Ätna*

Unten: *Traumhotel – Luxus in den Gemäuern des Dominikanerklosters*

Das bedeutendste Bauwerk von **Aci Castello** ist ein hoch über dem Meer auf einem Felsen gelegenes Normannenkastell aus dem 11. Jh. Heute befindet sich hier das *Museo Civico* (tgl. 9–13 und 15–17 Uhr), das Mineralien und archäologische Funde präsentiert.

Das bekannteste der drei Seebäder ist **Aci Trezza**, eine bereits in griechischer Zeit gegründete Siedlung. Der Ort ist Schauplatz einer weiteren Geschichte aus der griechischen Mythologie, aus der ›Odyssee‹ von **Homer**. In der Nähe von Aci Trezza befand sich die Höhle, in der der einäugige Zyklop **Polyphem** Odysseus und seine Begleiter gefangen hielt. Dem griechischen Helden gelang es jedoch, das Ungeheuer betrunken zu machen und zu blenden. Um die Flucht des Odysseus aus dem Hafen zu verhindern, schleuderte der geblendete Polyphem ihm Felsbrocken hinterher. Diese verfehlten ihr Ziel, erinnern jedoch noch heute als

spitze, bis zu 70 m aus dem Meer aufragende **Felsen** an jene Legende. Zugleich waren die Zyklopen-Steine namensgebend für diesen Küstenabschnitt.

Über die Grenzen Siziliens hinaus bekannt wurde Aci Trezza durch den Schriftsteller **Giovanni Verga**, der seinen Heimatort zum Schauplatz des 1881 erschienenen Romans ›I Malavoglia‹ wählte. Er beschreibt den Untergang der Fischerfamilie Malavoglia, der seinen Ausgang mit dem tödlichen Unfall des Sohnes nimmt. 1947 verfilmte **Luchino Visconti** den Roman unter dem Titel ›La terra trema‹ (Die Erde bebt) vor der Kulisse Aci Trezzas.

In dem Fischerdorf mit seinem kleinen **Hafen** und der Werft scheint das Leben stillzustehen. Wie in den vergangenen Jahrhunderten fahren auch heute noch die Fischer mit ihren bunten Booten hinaus aufs Meer und legen anschließend ihre Netze am Strand zum Trocknen aus. Nach wie vor leben etliche Familien vom Fischfang. Und gar nicht so schlecht, denn die Ortschaft ist Ausflugsziel für alle, die den fangfrischen Fisch der dortigen Lokale überaus schätzen.

Praktische Hinweise

Nachtleben

Banacher, Aci Castello, Via Vampolieri 66. Eine der größten Freiluft-Diskotheken Siziliens.

Oben: *Zyklopenküste: Die Steine, die Polyphem Odysseus hinterherschleuderte, ragen noch heute spitz aus dem Wasser*

Unten: *Acireale, einst vom Ätna zerstört, wurde im 18. Jh. neu erbaut, hier Piazza del Duomo mit Dom (links) und Santi Pietro e Paolo*

33 Acireale

Ein Thermalbad, das schon die Römer schätzten.

Heute ist Acireale eine Barockstadt, doch ihre Ursprünge liegen weit zurück. 731 v. Chr. gründeten die Griechen an diesem Ort *Xinophia*, das die Römer später *Acis* nannten.

Wie so viele andere Städte an der Ostküste wurde auch Acireale bereits mehrfach vom Lavastrom überrollt und anschließend wieder aufgebaut. Hinterlassenschaften aus antiker Zeit gibt es, abgesehen von spärlichen Überresten *römischer Thermalanlagen*, keine mehr. Bereits in römischer Zeit wurden die schwefel-, chlor- und jodhaltigen **Heilquellen** des Ortes geschätzt, und daran hat sich bis heute nicht viel geändert. Die modernen Thermalanlagen des Kurortes *Santa Venera*, südlich von Acireale, sind ganzjährig geöffnet.

Die Altstadt, die sich auf einem Felsplateau über dem Meer erhebt, ist ein Werk des 17./18. Jh. Im Zentrum an der **Piazza del Duomo** hat sich mit dem Duomo, der Chiesa dei Santi Pietro e Paolo und dem Palazzo Comunale ein einheitlich gestaltetes Barock-Ensemble erhalten. Die **Chiesa San Sebastiano** mit ihrer überladenen barocken Fassade an der Piazza Lionardo Vigo zählt zu den wenigen Bauwerken aus der Zeit vor dem großen Erdbeben 1693.

Weinbau und Seidenweberei waren die Grundlage für einen bemerkenswerten Reichtum Acireales. So entstanden reich geschmückte private Palazzi wie der klassizistische **Palazzo Pennisi di Floristella** nach Plänen von Mariano Falcini oder der **Palazzo Calanna** mit Fresken von Giuseppe Sciuti.

Acireale ist im Übrigen die **Karneval-Hochburg** Siziliens und als solche weit über die Insel hinaus bekannt. Alljährlich im Februar wird ausgiebig gefeiert: Eine Woche lang werden Umzüge in prächtigen Kostümen in den Gassen veranstaltet. Daneben stehen Feuerwerk, Musik und Tanz auf dem Programm.

Ausflug

Ein schöner Ausflug bietet sich zur **Chiesa Santa Maria della Neve** an, die auf dem Weg nach Santa Maria La Scala liegt. In ihrem Inneren ist eine beachtenswerte Krippe mit lebensgroßen Wachsfiguren zu besichtigen. In der Umgebung lassen sich Spaziergänge am Meer und in der *Timpa*, einem Naturschutzgebiet, unternehmen.

Hotels

***Hotel delle Terme**, Via A. de Gaspei 29, Tel./Fax 0 95 60 44 80. Angenehmes Haus in unmittelbarer Nachbarschaft der Thermalanlagen.

Maugeri, Piazza Garibaldi 27, Tel./Fax 0 95 60 86 66. Nüchterner Hotelbau im Stadtzentrum.

34 Giardini-Naxos

Hier begann die griechische Kolonisierung Siziliens.

735 v. Chr. ließen sich griechische Siedler aus Euböa am *Capo Schisò* nieder. Damit ist **Naxos** die erste griechische Kolonie auf Sizilien. Doch wurde sie schon bald an Größe und Bedeutung von anderen Städten übertrumpft und schließlich 403 v. Chr. von Syrakus vollkommen zerstört.

Die spärlichen Reste der griechischen Vergangenheit sind in dem 21 ha großen **Parco Archeologico** (tgl. 9 Uhr – 1 Std. vor Sonnenuntergang) und dem angeschlossenen **Museo** (Mo 9 – 14, Di – So 9 – 14 und 15 – 19 Uhr) zu besichtigen. Doch viel mehr als Reste eines der *Aphrodite* geweihten Tempels und der Befestigungsmauer sind nicht zu sehen. Die Touristen kommen eher zum Badeurlaub nach Giardini-Naxos.

Information: AAST, Via Tysandros 54, Tel. 0 94 25 10 10, Fax 0 94 25 28 48, Internet: www.naxos.it

Tauchen

Naxos Diving Center, Via Zara 30, Giardini-Naxos, Tel. 03 60 28 95 55. Hier werden günstige Pauschalarrangements für Anfänger und Fortgeschrittene inklusive Übernachtung und Verpflegung angeboten.

Nachtleben

Giardini, eine Diskothek für jeden Tag der Woche und für jeden Geschmack.

Hotels

****Sant' Alphio Garden**, Via Recanati, Tel. 0 94 25 13 83, Fax 0 94 25 39 34. Modernes, komfortables Hotel mit Schwimmbad und eigenem Strand.

Villa Mora, Via Naxos 47, Tel./Fax 0 94 25 18 39, Internet: www.eol.net.mt/mora. Einfache, aber saubere Pension im alten Teil des Ortes.

Restaurant

La Cambusa, Via Schiso 3, Tel. 0 94 25 14 37. Meeresspezialitäten in Restaurant direkt am Hafen (Di geschl.)

35 Taormina   *Plan Seite 110*

Die schönste Theaterkulisse der Welt.

Taormina zieht die Besuchermassen an. Während der Sommermonate wird die auf einem Felsvorsprung des *Monte Tauro* 200 m über dem Meer gelegene Stadt von Busreisenden und Kreuzfahrturlaubern geradezu überschwemmt. Sie durchstreifen den Ort, um sich das **Griechische Theater** anzuschauen, und um die zahlreichen Souvenirläden und Lokale aufzusuchen.

Bereits im 19. Jh. zog das milde Klima in den Wintermonaten die ersten Reisenden aus Mittel- und Nordeuropa an. Das kleine Städtchen mit dem berühmten antiken Theater entwickelte sich rasch zur bevorzugten **Winterfrische** des reiselustigen Großbürgertums, des Adels sowie der Künstler und Intellektuellen.

Der Hauch des Vornehmen ist inzwischen größtenteils dem **Tagestourismus** gewichen. Geblieben ist das antike Theater mit seiner einzigartigen Kulisse von Meer, Stadt und Vulkan. Von hier erscheint der **Ätna** als ein sanftblaues Zelt

Strategisch: Das Felsmassiv ist bereits seit vorgriechischer Zeit besiedelt. Taormina erstreckt sich zu seinen Füßen, das Castello und Castelmola liegen obenauf

mit weißer Haube über dunkelgrünen Orangenwäldern.

Geschichte Bereits in sikulischer Zeit war der **Monte Tauro** besiedelt. Die strategisch bedeutende Lage auf einem Felsvorsprung zog 396 v. Chr. die Karthager an, und *Hamilkar* gründete das antike **Tauromenion**.

Doch schon vier Jahre später eroberte Dionysios I., Tyrann von Syrakus, die Stadt. 215 v. Chr. kamen die Römer. Ihnen folgten die Byzantiner, die Araber und die Normannen.

Der im 19. Jh. allmählich einsetzende **Tourismus** war nicht so sehr am mittelalterlichen Taormina interessiert, vielmehr an den antiken Hinterlassenschaften. 1860 hielt der Maler *Otto Geleng* das Theater und die faszinierende landschaftliche Kulisse in einigen Gemälden fest und brachte damit die Reisewelle gen Süden so richtig ins Rollen.

Im Gefolge kam auch der Fotograf *Wilhelm von Gloeden* an die Ostküste Siziliens. Er hinterließ Taormina eine Reihe von Fotos junger Sizilianer, die mit Lorbeer bekränzt, nur spärlich oder gar nicht bekleidet für ihn posierten. Inzwischen lebt Taormina ausschließlich vom Tourismus, und die über 100 Hotels

aller Preislagen sind in den Sommermonaten häufig restlos ausgebucht.

Besichtigung Um zum beeindruckendsten und bedeutendsten Bauwerk Taorminas, dem **Teatro Greco** ❶ (tgl. 9 Uhr – 1 Std. vor Sonnenuntergang) zu gelangen, muss man eigentlich nur den Besucherscharen folgen. Anders, als der Name vermuten lässt, stammt das Theater, wie es sich dem Betrachter heute präsentiert, keineswegs aus griechischer Zeit. Nur noch die Lage, eingebettet in einen Hang, erinnert an seine antiken Ursprünge. Der römische Bau wurde im 2. Jh. v. Chr. auf den Fundamenten eines hellenistischen Vorgängerbaus aus der Zeit Hierons II. (3. Jh. v. Chr.) errichtet. Es ist das zweitgrößte antike Theater Siziliens nach dem von Syrakus.

Heute kann man wieder nachvollziehen, wie die griechischen Baumeister die Natur als **Theaterkulisse** einsetzten. Von den oberen, in den Fels geschlagenen Stufen fasziniert ein einzigartiger **Rundblick** über das Meer, die Küste und den Ätna, der täglich Tausende in das Theaterrund lockt.

Für den römischen Theaterbau wurde dann allerdings eine mehrgeschossige

Bühnenwand hochgezogen, die die fantastische Kulisse verstellte. Ein weiterer römischer Umbau fand im 3. Jh. n. Chr. statt. Die unteren Sitzreihen wurden entfernt, um den Bühnenbereich für *Zirkusspiele* zu vergrößern, der Zuschauerraum wurde nach oben hin erweitert. Dort konnten 30 000 Menschen Platz nehmen.

Die heute durchbrochene Theaterwand gibt wieder den Blick auf die umgebende Landschaft frei. Und jährlich im Juli/August – während des Musikfestivals **Taormina Arte** (Tel. 09 42 11 42, Fax 0 94 21 33 48, Internet: www. taormina-arte.com) – kann man die herrliche Kulisse und die unvergleichliche Akustik auf griechische Art genießen. Dann werden hier Konzerte, Theaterstücke und Opern aufgeführt.

In unmittelbarer Nachbarschaft zum Theater liegt das legendäre **Hotel Timeo**, erste Residenz der Taormina-Reisenden. In diesem Luxushotel wohnten stets besonders illustre Gäste.

Wer vom Theater über die Via Teatro Greco Richtung Zentrum läuft, stößt nach kurzer Zeit auf den **Corso Umberto**, die autofreie Hauptstraße, die sich im Bogen durch die gesamte Ortschaft zieht.

Beliebte Teffpunkte sind die *Piazza Vittorio Emanuele* und die sich anschließende *Piazza S. Catarina*. Hier erhebt sich der schöne, im 15. Jh. in maurisch-normannischem Stil erbaute **Palazzo Corvaja** ❷. Im Innenhof ist ein älterer,

aus arabischer Zeit stammender Wehrturm in die Anlage einbezogen worden. Heute hat sich das *Fremdenverkehrsamt* im Palast einquartiert sowie die ›ethno-anthropologische‹ Sammlung *Panarello* (Di–So 9–13 und 16–20 Uhr), die u. a. mit hübschen Votivbildern bestückt ist.

Hinter dem Palast befinden sich die, allerdings nur spärlichen Überreste eines weiteren römischen Theaters. Das kleine, einst überdachte **Odeon** ❸ aus der Kaiserzeit war für nur 200 Zuschauer angelegt. Wenn man den *Corso Umberto* überquert und in Höhe der Banco di Sicilia nach links abbiegt, trifft man in der *Via Naumacchia* noch einmal auf römisches Erbe. Eine 122 m lange und 5 m breite Ziegelmauer mit zweimal 18 Bogennischen hat die Fantasie der Archäologen beschäftigt. Aufgrund des Namens des Bauwerks, **Naumacchia** ❹, vermutete man lange Zeit, dass hier einst in einem riesigen Wasserbecken Seeschlachten aufgeführt wurden. Zutreffender jedoch erscheint die Interpretation als Außenwand einer Zisterne.

Von hier führt die Straße immer geradeaus zur auch Giardino Pubblico genannten **Villa Comunale** ❺. Anfang des 20. Jh. ließ die Engländerin *Florence Trevelian* den Park mit reicher Pflanzenpracht schmücken, außerdem entwarf sie bizarre Figuren, die nun wie Versatzstücke längst vergessener Operetteninszenierungen wirken. 1922 verkaufte

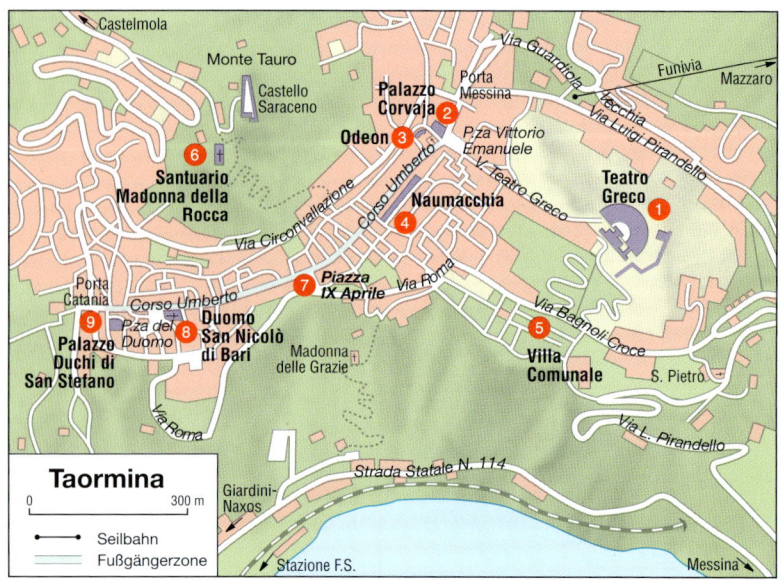

Beliebter Rastplatz: Nach der Besichtigung Taorminas lassen sich die Bewunderer der Stadt gerne an der Piazza IX Aprile nieder, um die tolle Aussicht zu genießen

sie die Anlage an die Stadt. Heute ist der öffentliche Garten ein Ort der Erholung, der zudem eine wundervolle **Aussicht** bietet. An Sommerabenden wird gelegentlich musiziert oder Theater gespielt.

Zurück am *Corso Umberto* folgt man neben der Banco di Sicilia einem kurvenreichen Weg bergauf zum **Santuario Madonna della Rocca** ❻ und zur Ruine des **Castello Saraceno**. Hier oben ist man dem Ätna ganz nah. Zudem überblickt man die gesamte Altstadt und das Meer. Ein weiterer beliebter Aussichtspunkt ist die 200 m über dem Meer gelegene Terrasse der **Piazza IX Aprile** ❼. Hier laden einige Cafés zur Rast ein.

Zentrum der Altstadt ist die **Piazza del Duomo** mit einem kleinen Barockbrunnen aus dem Jahr 1635, der die Figur eines Kentauren trägt. Der **Duomo San Nicolò di Bari** ❽, eine dreischiffige Basilika, stammt aus dem 13. Jh., wurde aber später mehrfach umgebaut. Zu der ansonsten bescheidenen Ausstattung gehört auch das schöne Altargemälde ›Maria mit Kind und Heiligen‹. Das Polyptychon wurde 1504 von *Antonello da Saliba*, einem Neffen Antonello da Messinas, gefertigt.

Zweigt man am Ende des Corso Umberto links vor dem Postamt ab, ist ein weiterer schöner Palast zu besichtigen, der **Palazzo Duchi di San Stefano** ❾ (tgl. 9–13 und 15–20 Uhr) aus dem 15. Jh. Durch Bombardierungen während

des Zweiten Weltkriegs schwer beschädigt, dient er heute restauriert der *Fondazione Mazullo* als Sitz und Ausstellungsgebäude. Palast und Garten sind reich ausgestattet mit Werken des sizilianischen Bildhauers Giuseppe Mazzullo.

Praktische Hinweise

Information: AAST, Palazzo Corvaja 1, Tel. 09 42 23 43, Fax 09 42 24 94 1, Internet: www.taormina-ol.it

Moderne Meister: Die italienische Porträtkunst erfreut sich bei Passanten noch immer großer Popularität

Im früheren Kloster geht es heute ganz und gar nicht mehr spartanisch zu: Die Luxusherberge San Domenico Palace Hotel bevorzugt exklusive, zahlungskräftige Gäste mit erlesenem Geschmack

Strände

In der unmittelbaren Umgebung befinden sich die Strände Isola Bella, Mazzaro, Lido Spisone und Giardini, allesamt sind sie jedoch schmal oder felsig. 10 km weiter nördlich, am Capo Sant'Alessio, wird es angenehmer.

Funivia

Eine regelmäßige Verbindung zwischen Taormina und Mazzaro besteht durch die Seilbahn. Die Station befindet sich unterhalb des Zentrums in der Via Luigi Pirandello.

Hotels

TOP TIPP *******San Domenico Palace Hotel**, Piazza San Domenico 5, Tel. 0 94 22 37 01, Fax 09 42 62 55 06, Internet: www.cormorano.net/sgas/sandomenico. Im 17. Jh. ließ ein reicher Ordensmann für sich und seine Mitmönche ein Kloster errichten. Heute lassen sich wohlhabende Touristen in dieser luxuriösen Herberge verwöhnen.

******Villa Paradiso**, Via Roma 2, Tel. 09 42 23 92 12, Fax 09 42 62 58 00, Internet: www.eol.net.mt/paradiso. Hotel beim Giardino Pubblico mit Meer- und Ätnablick. Im Sommer kostenloser Transfer zum eigenen Paradise Beach Club in Letojanni.

*****Villa Fiorita**, Via Luigi Pirandello 39, Tel. 0 94 22 41 22, Fax 09 42 62 59 67. Gepflegt, originell und komfortabel, mit Terrasse zum Meer und schattigem Garten, – kurz eine Oase.

****Villa Nettuno**, Via Luigi Pirandello 33, Tel. 0 94 22 37 97, Fax 09 42 62 60 35, Internet: www.villanettuno.it. Hübsches Hotel über dem Meer, fast alle Zimmer mit kleinem Balkon oder Terrasse, gefrühstückt wird im Garten.

Restaurants

Il Gambero Rosso, Via Naumachie 11, Tel. 0 94 22 48 63. Ausgezeichnetes Restaurant mit umfangreichem Menü und Tischen im Freien.

Luraleo, Via Bagnolo Croce 31, Tel. 0 94 22 42 79. Wie in einem Garten mitten in der Stadt sitzt man auf der schönen Terrasse, guter Fisch.

TOP TIPP **Maffei's**, Via San Domenico Guzman 1, Tel. 0 94 22 42 08. Kleines Lokal in einer der engen Gassen unterhalb des Corso Umberto. Hier zeigt sich die sizilianische Küche von ihrer allerbesten Seite. Dazu gibt es eine hervorragende Auswahl lokaler Weine.

Ristorante a Zammàra, Via Fratelli Bandiera 19, Tel. 0 94 22 44 08. Auf der gemütlichen Terrasse, umgeben von Orangenbäumchen, schmeckt die sizilianische Küche besonders gut. Auf Wunsch auch frische Pasta (Mi geschl.).

36 Castelmola

Pittoreskes Bergstädtchen oberhalb von Taormina.

Das oberhalb von Taormina auf dem *Monte Venere* (885 m) gelegene Bergstädtchen lebt ebenfalls fast ausschließlich vom Tourismus. Nach Castelmola

Kunstwerk der Natur: Die Wasser des Alcantara formten das Felsgestein der bizarren gleichnamigen Schlucht

Entlegen: Abseits der Touristenpfade begeistert die Normannenkirche Santi Pietro e Paolo

ziehen sich jene Touristen zurück, die die Ruhe in den mittelalterlichen Gassen dem Trubel in Taormina vorziehen. Der Ortskern ist für den Autoverkehr gesperrt.

Praktische Hinweise

Hotel

****Panorama di Sicilia**, Via A. de Gasperi 44, Tel./Fax 0 94 22 80 27. Am Ortsausgang gelegen, bietet das Hotel einen prächtigen Ausblick. Die einfachen, altmodischen Zimmer mit Bad und Balkon sind im Juli und August nur mit Halbpension zu buchen.

37 Gola d'Alcantara

Atemberaubende Schlucht mit bizarren Felsformationen.

15 km westlich von Taormina öffnet sich die Gola d'Alcantara. Die sehenswerte Schlucht ist von der Autobahnausfahrt Giardini auf der SS 185 zu erreichen. In der 400 m langen und 5–8 m breiten Schlucht ragen immer wieder bis zu 50 m hohe **Basaltfelsen** auf, bizarr geformt von den Wassermassen des *Alcantara*. In

den Sommermonaten kann es besonders an den Wochenenden eng werden, wenn Hunderte gleichzeitig durch das Wasser waten. Doch selbst in dieser heißen Jahreszeit übersteigt die Wassertemperatur kaum 12 °C.

38 Santi Pietro e Paolo

Eine normannische Klosterkirche am Wegesrand.

Etwa 25 km nördlich von Taormina in der Nähe der Ortschaften *Scifì* und *Casalvecchio Siculo* steht die mächtige Normannenkirche Santi Pietro e Paolo mitten in der Landschaft. Die Kirche wurde 1117 von *Roger II.* erbaut.

Wie eine Festung wirkt das zweigeschossige, zinnengekrönte Bauwerk, das nur kleine Fensteröffnungen im Mauerwerk aufweist. Ineinander verschlungene **Blendarkaden** aus roten Ziegeln, schwarzer Lava und weißem Marmor an der Außenfassade sowie die beiden Kuppeln lassen deutlich arabischen Einfluss erkennen. Zwei spitzbogige Arkadenreihen teilen den basilikalen **Innenraum** in drei Schiffe. Der östliche Abschluss wird von drei Apsiden gebildet.

Messina und der Nordosten – abenteuerliche Meerenge und geheimnisvolle Inseln

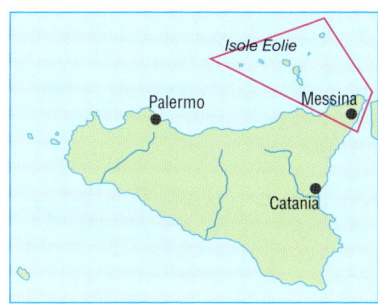

Wer mit dem Auto oder dem Zug nach Sizilien reist, kommt in **Messina** an. Eine knappe halbe Stunde nur benötigt man mit dem Tragflügelboot, das in **Reggio di Calabria** jenseits der Meerenge von Messina startet, eine Stunde mit der Autofähre von **Villa San Giovanni** aus. Keine 3 km trennen die Insel von Italiens Stiefelspitze. Kein Wunder, dass immer wieder der Bau einer festeren Verbindung in Betracht gezogen wurde. Doch die Meerenge ist voller Gefahren. Zur bekannten *Erdbebengefahr* kommen hohe *Windgeschwindigkeiten* von mehr als 100 km/h und dort, wo **Ionisches** und **Tyrrhenisches Meer** aufeinandertreffen, ist mit Gezeitenwechsel sowie starken Strudeln zu rechnen. Dennoch wurde 1955 eine Vereinigung namens ›*Ponte di Messina*‹ gegründet. Vulkanologen und Ozeanologen wurden bestellt, Meteorologen und Seismologen – die Prüfungen, ob eine Brücke den Naturgewalten standhalten könne, nahmen kein Ende. 1985 schließlich wurde das ›achte Weltwunder‹ beschlossen, eine **Hängebrücke** auf zwei Pfeilern in fast 400 m Höhe für den Straßen- und Schienenverkehr. Ein Projekt für das 21. Jh., das aber bisher noch nicht ernsthaft in Angriff genommen wurde. Wie die Briten sind auch die Sizilianer eigentlich gegen eine Anbindung ihrer Insel an das Festland.

39 Messina

Das ›Tor zu Sizilien‹ wird regelmäßig von Naturkatastrophen heimgesucht.

Oft zerstört und immer wieder aufgebaut – Messina, eine griechische Gründung aus dem 8. Jh. v. Chr., teilt dieses Schicksal mit zahlreichen sizilianischen Städten der Ostküste. Heute vermag die Großstadt an der Meerenge, **Il Stretto**, nichts mehr aus ihrer so reichen Vergangenheit zu erzählen. Nach dem verheerenden **Erdbeben von 1908**, das 60 000 Todesopfer forderte und ganze Viertel vernichtete, war Messina gerade wieder aufgebaut, als amerikanischer Bombenhagel im Zweiten Weltkrieg erneut große Zerstörungen anrichtete. Alte Bausubstanz hat die Zeit kaum überdauert: Schnurgerade Straßenzüge, großzügig angelegte Plätze und Hochhausarchitektur prägen das Gesicht der Stadt.

Für Touristen, die auf dem Land- und Wasserweg anreisen, ist Messina das Tor zu Sizilien. Mehr aber auch nicht, denn meist halten sie sich nicht lange in der Stadt auf. Touristen haben vor allem Augen für Geschichtsträchtiges, und davon hat Messina nicht allzu viel zu bieten. Doch auch die Bewohner wollen nicht ganz auf historische Bauten verzichten. So wurde der *Duomo*, ursprünglich ein normannisches Werk des 12. Jh., nach alten Plänen originalgetreu wieder aufgebaut.

Geschichte Dort, wo heute die Fährschiffe anlegen, siedelten bereits die *Sikuler*. Die sichelförmige Landzunge gab dem Ort den Namen Zanklon (Sichel). 730 v. Chr. bemächtigten sich *Griechen aus Kyme* in Unteritalien der Siedlung und nannten sie fortan **Zankle**.

265 v. Chr. wandten sich die Bewohner an Rom und baten um Beistand gegen Karthago. Es kam zum Ersten Punischen Krieg (264 – 241 v. Chr.), der mit der Vertreibung der Karthager aus Sizilien endete. In der Folge gelang es

◁ *Ruhe vor dem Ausbruch: Seit 100 Jahren rechnet man mit neuerlichen Eruptionen des Gran Cratere auf Vulcano*

Vom Schicksal gezeichnet: Verheerende Naturkatastrophen vernichteten Messinas alte Bausubstanz, doch heute sprüht die Stadt mit Blick auf das Festland wieder vor Vitalität

den Römern, große Teile der Insel unter ihre Herrschaft zu bringen. Sizilien wurde zur ersten **Provinz** des Römischen Reiches.

In den nachchristlichen Jahrhunderten konnte Messina als **Hafen-** und **Handelsstadt** stets eine gewisse Bedeutung bewahren. Mehr als die politischen Ereignisse bestimmten jedoch immer wieder Naturkatastrophen und Epidemien das Schicksal der Stadt. 1743 starben mehr als 40 000 Einwohner an der Pest. 1783 zerstörte ein Erdbeben die Barockstadt und begrub 12 000 Menschen unter den Trümmern. 1854 wütete eine Choleraepidemie, die 15 000 Menschen dahinraffte. 1908 forderte ein Erdbeben 60 000 Todesopfer. 1943 legten Bombenangriffe amerikanischer Flieger die Stadt in Schutt und Asche. Mit erheblichen Anstrengungen wurde Messina wieder aufgebaut. Heute präsentiert sich die mit 280 000 Einwohnern **drittgrößte** sizilianische Stadt als moderne Wirtschaftsmetropole.

Besichtigung Das Zentrum des mittelalterlichen Messina lag um die **Piazza del Duomo**. Hier ragt der nach dem Zweiten Weltkrieg originalgetreu wieder

aufgebaute **Duomo** (tgl. 8–12 und 16–19 Uhr) auf. Anhand der Entstehungsgeschichte des Sakralbaus kann man sich die bewegte Geschichte Messinas vergegenwärtigen. Der Normannendom, 1150 unter *Roger II.* begonnen, 1197 unter Stauferkönig *Heinrich VI.* geweiht, brannte bereits ein halbes Jahrhundert später nieder. Es war die erste einer Reihe weiterer Katastrophen, die bis ins 20. Jh. über die Kirche hereinbrachen. Beim **Wiederaufbau** war man um größtmögliche Authentizität bemüht, legte alte *Pläne* und *Kupferstiche* zugrunde und integrierte die wenigen alten Bauteile. Hierzu zählen die *Figuren* des **Mittelportals**, die man unter den Trümmern fand und in mühevoller Arbeit wieder zusammensetzte. Sie gehören allerdings nicht dem Ursprungsbau an, sondern einem späteren Umbau aus dem 15./16. Jh. Aus normannischer Zeit stammen einzig die *Schmuckbänder* im unteren Teil der Fassade.

Der Dom besitzt an der Nordflanke einen frei stehenden **Glockenturm**, der 1936 nach alten Plänen erbaut wurde und die Bombardements von 1943 ohne größere Schäden überstanden hat. Er beeindruckt durch die größte **mechanische Uhr** der Welt. Sie wurde 1933 in der Straßburger Werkstatt von *Thomas Ungerer* gefertigt. Täglich um 12 Uhr mittags spielt sich ein außergewöhnliches Spektakel ab: Die Figuren der *Diana und Clarenza*, Heldinnen aus der Zeit der Belagerung Messinas durch Karl von Anjou, lassen die Glocken klingeln.

Auf dem Domplatz steht die barocke **Fontana di Orione**. Der Brunnen wurde 1553 von *Giovanni Angelo Montorsoli*, einem Schüler Michelangelos, geschaffen. Die Statue Orions, Sohn des Poseidon und legendärer Stadtgründer Messinas, bildet den oberen Abschluss. Auf dem Beckenrand ruhen *Personifikationen* der Flüsse Nil, Tiber, Ebro und Camaro.

Wie durch ein Wunder hat die nahe gelegene **Chiesa Santissima Annunziata dei Catalani**, eine im 12. Jh. erbaute Normannenkirche, die Wirren der Zeit schadlos überstanden. Die auf einem hohen Zylinder aufsitzende flache **Kuppel** erinnert ebenso an byzantinische Vorbilder wie die **Blendarkaden**, die Kuppel, Apsis und Querhaus umlaufen. Für Musterungen im Mauerwerk setzte man roten Backstein, schwarzen Lavastein und gelblichen Kalkstein ein. Der Innenraum wird durch zwei Arkadenreihen mit antiken Säulen in drei Schiffe geteilt.

Das bronzene **Monumento a Don Giovanni d'Austria**, des Erzherzogs Johann von Österreich, auf der benachbarten Piazza erinnert an die Seeschlacht

Oben: *Aus neu mach alt: Der Dom von Messina wurde nach seiner Zerstörung originalgetreu wieder aufgebaut*

Unten: *Das Schicksal überlistet: Die Normannenkirche SS. Annunziata dei Catalani hat alle Naturkatastrophen überstanden*

Umzug der Giganten: Höhepunkt der sommerlichen Festtage in Messina

von Lepanto. Das Denkmal wurde 1572 von *Andrea Calamecca* geschaffen.

Das **Museo Regionale** (Di–Sa 9–14, Di/Do/Sa auch 16–19, So/Fei 9–13 Uhr) in der Viale della Libertà 465 zeigt Werke des 12.–18. Jh. Bedeutendstes Exponat ist das ›Polyptychon des hl. Gregor‹ von **Antonello da Messina** (1473), ursprünglich gefertigt für das Kloster San Gregorio. Die zweigeteilte Mitteltafel zeigt die ›Verkündigung‹ sowie ›Maria mit dem Christuskind‹, die Seitenflügel Darstellungen des ›hl. Gregor‹ und des ›hl. Benedikt‹. Auch **Caravaggio**, der Anfang des 17. Jh. auf Sizilien weilte, ist mit zwei Arbeiten vertreten, der ›Anbetung der Hirten‹ sowie der ›Auferweckung des Lazarus‹.

Wer Mitte August kommt, erlebt Messinas **Ferragosto**. Ihren Höhepunkt erreichen die Festtage mit der *Passeggiata dei Giganti*, einem Umzug mit riesigen Gipsfiguren. Heidnisches vermischt sich mit Heiligem, wenn in der *Processione della Vara* der Wolkenwagen mit der Madonnenstatue zum Dom geschleppt wird, wo diese zwei Tage von weiß gekleideten Mädchen bewacht wird.

Ausflug

Von Messina aus bietet sich ein kurzer Abstecher zum italienischen Festland nach **Reggio di Calabria** an. Die Überfahrt mit der Fähre oder dem Tragflügelboot dauert nicht allzu lang. Unweit vom Hafen wartet das **Museo Nazionale** (Piazza di Nava 26, Di–So 9–14 Uhr) auf einen Besuch. Die sehenswerte *Archäologische Abteilung* beherbergt Funde von der Frühgeschichte bis zur Römerzeit. Absolute Highlights sind **I Bronzi di Riace**, zwei überlebensgroße griechische Bronzestatuen aus dem 5. Jh. v. Chr., die 1972 bei einem Tauchgang vor der Küste entdeckt wurden. Die beiden Krieger zählen zu den wenigen erhaltenen griechischen Metallskulpturen. Nur aus römischen Marmorkopien lassen sich einige der griechischen Originale erschließen, denn die Bronzen selbst wurden von den Römern nach dem Kopieren meist zur Weiterverwendung eingeschmolzen.

Praktische Hinweise

Information: AAPIT, Via Calabria 301, in Bahnhofs- und Busbahnhofsnähe, Tel. 0 90 67 42 36. – AAST, Piazza della Repubblica, Tel. 0 90 67 29 44, Internet: www.azienturismomessina.it

Schiff

Fähren nach *Villa San Giovanni* (10 km von Reggio di Calabria entfernt) legen alle 30 Min. ab. Fahrtdauer ca. 1 Std.:

F. S., Anlegestelle Stazione Marittima, nahe dem Bahnhof, Tel. 0 90 67 97 95, für Autos und Züge.

Caronte, Anlegestelle Viale della Libertà, Tel. 09 04 49 82, nur Autos.

Aliscafi (Tragflügelboote) nach *Reggio di Calabria* legen Juni–Sept. zwischen 6 und 20 Uhr alle 30 Min. ab, Okt.–Mai nur vormittags. Fahrtdauer knapp 30 Min. Nach *Lipari* legen die Tragflügelboote dreimal tgl. ab, während der Hauptsaison sechsmal. Fahrtdauer ca. $1^1/_2$ Std.:

Snav, Anlegestelle Via Vittorio Emanuele II, Tel. 0 90 66 25 06 oder 0 90 36 40 44

Hotels

****Jolly Hotel dello Stretto**, Via Garibaldi 126, Tel. 0 90 36 38 60, Fax 09 05 90 25 26, Internet: www.jollyhotels.it. Komfortables, in Bahnhofsnähe gelegenes Hotel, etwas laut.

****Monza**, Viale San Martino 63, Tel./Fax 0 90 67 37 55. Mittelklassehotel im Zentrum, die Zimmer zur Straße hin sind etwas laut.

Schöne Aussicht: Blick von Lipari nach Vulcano

Restaurants

Pizzeria del Capitano, Via dei Mille 88–90. Einfaches Lokal mit hervorragender Küche.

Ristorante Alberto, Via Ghibellina 95, Tel. 0 90 71 07 11. Italienische Küche für Genießer, reiche Auswahl an Antipasti und Fischgerichten. Nicht ganz billig (So/Mo geschl.).

40 Milazzo

Ausgangspunkt für Reisen zu den Isole Eolie.

Wer nach Milazzo kommt, befindet sich gewöhnlich auf dem Weg zu den *Isole Eolie*. Der Hafen von Milazzo ist Ausgangspunkt für Reisen in die nördlich von Sizilien gelegene Inselwelt. Besucher werden meist von der Industrie und der Erdölraffinerie abgeschreckt. Doch bevor man mit der Fähre ablegt, sollte man einen Gang durch die **Altstadt** machen. Sie lädt mit ihren engen Gassen durchaus zu einem Bummel ein. Bedeutendstes Bauwerk aus normannischer Zeit ist das unter *Stauferkaiser Friedrich II.* vollendete **Castello** (Di–So 10–12 und 15–17 Uhr).

Praktische Hinweise

Schiff

Nach *Lipari* und *Vulcano* legen mehrmals tgl. zwischen 6.30 und 18.30 Uhr Fähren und Aliscafi ab, zu den anderen Inseln zwischen 14. 30 und 15 Uhr:

Siremar, Tel. 09 09 28 32 42
Snav, Tel. 09 09 28 45 09

41 Isole Eolie

Lipari – Vulcano – Salina –
Filicudi – Alicudi – Panarea –
Stromboli

Sieben kleine, faszinierende vulkanische Inseln im Tyrrhenischen Meer – Urlaubsparadiese für Wassersportler.

Die Isole Eolie oder Isole Lipari liegen nordwestlich von Milazzo im *Tyrrhenischen Meer*. In der griechischen Mythologie waren sie Sitz des **Aiolos**, des Gottes der Winde, der den herumirrenden Odysseus bei sich aufnahm. Die sieben landschaftlich überaus reizvollen Inseln sind **vulkanischen** Ursprungs, bis auf Vulcano und Stromboli sind die Feuer speienden Berge jedoch nicht mehr aktiv. Die Gewässer rund um die Inseln bieten dank ihrer kristallklaren Beschaffenheit beste Wassersportmöglichkeiten.

In den Sommermonaten bestehen gute **Fährverbindungen** nach Sizilien (Milazzo, Messina, Cefalu, Palermo), zum italienischen Festland (Neapel, Reggio di Calabria) und zwischen den Inseln. In den Monaten Juli und August kann es, besonders auf Lipari, etwas voll werden.

Lipari

Mit 37,6 km² ist Lipari die größte und auch bekannteste der Isole Eolie. Mittelpunkt des gleichnamigen Hauptortes (8000 Einw.) ist der von Mauern umgebene Burgberg mit den Resten eines **spanischen Kastells** aus dem 16. Jh., der barocken **Cattedrale** und dem **Museo Archeologico Regionale Eoliano** (tgl. 9–14 Uhr) mit Funden aus griechischer und römischer Zeit. Der Burgberg teilt die Bucht in zwei Hälften und zwei Häfen, *Marina Lunga* und *Marina Corta*.

Die Insel lebt heute überwiegend von Urlaubern. Entsprechend gut ausgebaut ist die touristische Infrastruktur. In den Sommermonaten legen Fähren und Tragflügelboote mit Hunderten von Besuchern an. Daher ist es sinnvoll, rechtzeitig ein Zimmer zu bestellen.

Die hügelige, überwiegend aus Lavastein bestehende Insel bietet zahlreiche **Wandermöglichkeiten**. Die höchste Erhebung ist der 602 m hohe *Monte Chirica*. Badegelegenheit findet man in einigen z. T. entlegenen Buchten. Das bis zu 3000 m tiefe Meer lädt überdies zum **Tauchen** ein.

Konzerte, Ausstellungen und Abendessen werden während der Hauptsaison

Schlammschlacht: Badevergnügen in den Schwefelbädern von Vulcano

einmal wöchentlich im Kulturzentrum **Capistello** in der Bucht von *Praia Ferrante* angeboten. Von Marina Corta aus ist das Kulturzentrum mit dem Schiff zu erreichen (Auskunft erhält man im *Caffè La Vela*, Marina Corta).

Praktische Hinweise

Information: AAST, Corso Vittorio Emanuele 202, Tel. 09 09 88 00 95, Fax 09 09 81 11 90, Internet: www.netnet.it/aasteolie

Inselrundfahrten

Eine Umrundung der Insel ist per *Taxi* oder per gechartertem *Kleinbus* (ab sechs Personen) möglich. Die Preise werden ausgehandelt. Auch per *Vespa, Mofa* oder *Auto*, die am nördlichen Ende des *Corso Vittorio Emanuele* und an der *Marina Lunga* zu mieten sind, lässt sich die Insel erkunden. Rundfahrten und Ausflüge per *Motorschiff* werden an der Marina Corta angeboten.

Hotels

******Villa Meligunis**, Via Marte 7, Tel. 09 09 81 24 26, Fax 09 09 88 01 49, Internet: www.villameligunis. Ein besseres Hotel wird man auf den Inseln kaum finden. Stilvolle Zimmer in einem restaurierten Palazzo des 18. Jh.

*****Villa Augustus**, Vico Ausonia 16, Tel. 09 09 81 12 32, Fax 09 09 81 22 33, Internet: www.netnet.it/villaaugustus. Zentral gelegenes Stadthotel mit begrüntem Innenhof.

Restaurant

TOP TIPP **Filippino**, Piazza Mazzini, Tel. 09 09 81 10 02. Der alteingesessene Familienbetrieb, mit einer reichen Auswahl besonders an Fischgerichten, lässt das Herz eines jeden Gourmets höher schlagen.

Vulcano

Der letzte größere Ausbruch ereignete sich Ende des 19. Jh. Auf Vulcano (21,2 km²) liegt ein permanenter **Schwefelgeruch** in der Luft, es brodelt und dampft ständig. Geologen und Vulkanologen warnen davor, dass der Vulkan **Gran Cratere** jederzeit ausbrechen könne. Doch das erschüttert hier scheinbar niemanden.

Die Gefahr eines Vulkanausbruchs hält die Inselbewohner nicht von größeren Bautätigkeiten ab: In den letzten drei

Jahrzehnten entstanden etliche Hotels, Restaurants und Diskotheken. Denn die Touristen kommen zahlreich, angezogen von dem schwefelhaltigen Schlammtümpel und den **heißen Quellen** im Meer, dem schwarzen Sandstrand von **Porto di Ponente** und der Möglichkeit, den 391 m hohen Vulkan zu besteigen.

Information: AAST, Porto di Levante, Tel. 09 09 85 20 28 (Juni–Sept.)

Hotels

****Les Sables Noirs**, Porto di Ponente, Tel. 0 90 98 50, Fax 09 09 85 24 54, Internet: www.framon-hotels.com/ lesablesnoirs. Bestes Hotel der Insel mit eigenem Strand.

****Faraglione**, Porto di Levante, Tel. 09 09 85 20 54, Fax 09 09 85 21 80, Internet: www.lineafutura.it/operatori/ faraglione. Direkt am Hafen gelegen. Etwas unangenehm ist der penetrante Schwefelgeruch.

Salina

Salina, grün und fruchtbar, ist mit 26,8 km² die zweitgrößte der Liparischen Inseln. Die Zwillingsberge, der 860 m hohe **Monte dei Porsi** und der 962 m hohe **Monte Fossa delle Felci**, beide vulkanischen Ursprungs, sind heute erloschen.

Die Küste von Salina fällt auf allen Seiten steil ab, und es gibt nur wenige Strände. Daher blieb die Insel bislang vom Tourismus weitgehend unberührt. Wer gerne **wandert**, findet hier jedoch hervorragende Möglichkeiten. Die Inselbewohner leben hauptsächlich von der Landwirtschaft, hier liegt das Hauptanbaugebiet des angeblich bereits von Caesar geschätzten *Malvasia-Weins*.

Hotel

***Signum**, Via Scalo 15, Malfa, Tel. 09 09 84 42 22, Fax 09 09 84 41 02, Internet: www.netnet.it/salina/signum. Stilvolle Hotelanlage inmitten von Wein- und Kaperngärten.

Filicudi

20 km vor Salina liegt das 9,5 km² kleine Filicudi, das beste Voraussetzungen zum Wandern und **Tauchen** bietet. Es gibt nur einige wenige einfache Unter-

Vorsicht, Ausbruch: Naturschauspiel des Feuer speienden Stromboli

künfte, die Insel ist also ein Geheimtipp für Urlauber, die dem Rummel auf den Hauptinseln etwas aus dem Weg gehen wollen.

Im Süden der Insel, auf der Landzunge **Capo Graziano** hat man Reste eines *bronzezeitlichen Dorfes* sowie zeitgleiche Grabstätten entdeckt.

Hotel

***Phenicusa**, Via Porto, Tel. 09 09 88 99 46, Fax 09 09 88 99 55. Die beste Wahl auf Filicudi. Nur während der Saison von Juni bis September geöffnet.

Alicudi

Die etwa 130 Einwohner leben ganz zurückgezogen auf 5,2 km². Strom gibt es erst seit kurzem, Straßen und Autos sind unbekannt. Was zu befördern ist, wird per Maultier transportiert. Hier scheint die Zeit stehen geblieben zu sein. Zweimal die Woche kommt ein Linienschiff vorbei und bringt alles Notwendige, und hin und wieder auch Feriengäste.

Hotel

*Pensione Ericusa, Via Regina Elena 5, Tel. 09 09 88 99 02, Fax 09 09 88 99 10. Das einzige Inselhotel besticht durch saubere Zimmer und einen herrlichen Blick auf das Meer.

Panarea

Die mit einer Größe von nur 3,4 km² kleinste der Liparischen Inseln hat sich in den letzten Jahren zum Feriendomizil wohlhabender Italiener vom Festland entwickelt. Die Ortschaft **San Pietro** ist heute von Luxusvillen geprägt. Wunderschön ist der Blick von **Punta Milazzese** (mit den Ausgrabungen eines Dorfes aus der Bronzezeit) über Panarea.

Hotel

***Cincotta, südlich des Hafens, Tel. 0 90 98 30 14, Fax 0 90 98 32 11, Internet: www.netnet.it/cincotta. Bungalowanlage mit Schwimmbad.

Stromboli

Die entlegenste der Liparischen Inseln ist zugleich die bekannteste von ihnen, und das hat sie dem nach wie vor tätigen **Vulkan** zu verdanken, der immer wieder glühende Lava ins Meer rauschen lässt. Eine besondere Attraktion ist die **Besteigung** des Feuer speienden Berges, um die Aktivitäten des 924 m hohen Vulkans zu

Alt und neu: vorne das antike Tindarys, hinten die moderne Pilgerkirche Santuario della Madonna Nera

beobachten. Jedoch sollte der Aufstieg zum Gipfel nicht ohne Führer unternommen werden, da die Krater bisweilen in ungeahnter Stärke Lava emporschleudern.

Da die 12,6 km² große Insel im Juli und August häufig restlos ausgebucht ist, ist eine Vorausbuchung dringend anzuraten.

Hotels

***La Sirenetta Park Hotel, Ficogrande, Via Marina 33, Tel. 0 90 98 60 25, Fax 0 90 98 61 24, Internet: www.netnet.it/lasirenetta. Komfortabel eingerichtete Bungalows, mit Schwimmbad.

*Miramare, Ficogrande, Via Vito Nunziante 3, Tel. 0 90 98 60 47, Fax 0 90 98 63 18, Internet: www.netnet.it/miramare. Angenehme Hotelanlage direkt am Strand (April–Oktober geöffnet).

42 Tindari

Das antike Tyndaris und das Heiligtum der byzantinischen Madonna Nera teilen sich den Felsen von Tindari.

Zwischen *Milazzo* und *Cefalu* liegt der schönste und interessanteste Teilabschnitt der Nordküste. Eine abwechslungsreiche Landschaft und kleine Badeorte bieten Erholung.

Die kunsthistorisch bedeutsamste Ortschaft auf der Strecke ist Tindari. Der **Felsen** von Tindari, heute von der Küstenstraße untertunnelt, war bereits in frühester Zeit besiedelt. Das antike **Tyndaris** war eine der letzten griechischen Städtegründungen auf Sizilien. *Dionysios I.* von Syrakus eroberte den Felsen 396 v. Chr. und sicherte ihn als militärischen Vorposten gegen die nach Osten vordringenden Karthager ab. 254 v. Chr. brach für die Bewohner der Stadt das römische Zeitalter an.

Eine Straße schlängelt sich 270 m hinauf auf den Kalksteinfelsen. An einer gut erhaltenen antiken Stadtmauer vorbei gelangt man zum Eingang des **Parco Archeologico** (tgl. 9 Uhr–1 Std. vor Sonnenuntergang). Imposantestes Bauwerk ist das **Teatro Greco** aus dem 4. Jh. v. Chr., das in einen Hang hineingearbeitet wurde. An klaren Tagen bietet sich von den oberen Stufen eine Fernsicht bis zu den Inseln Vulcano und Lipari. Die griechische Theaterstätte ist, wie so viele

Wunderwerk der Schwarzen Madonna: die Sandbänke von Tindari. Passender Name für dieses legendäre Phänomen ist ›Mare secco‹, trockenes Meer

andere auch, in römischer Zeit umgestaltet worden, zur Arena für Zirkusspiele und Gladiatorenkämpfe.

Von der sog. **Basilica**, einer großen Halle, die vermutlich als Eingangsgebäude zum Marktplatz gehörte, stehen noch Teile der Fassade aufrecht. Das Bauwerk des 1. Jh. v. Chr. besaß fünf mächtige Torbogen. Bei den Ausgrabungen stieß man außerdem auf Atriumshäuser mit schönen Fußbodenmosaiken.

Die meisten italienischen Besucher lockt jedoch nicht so sehr Tyndaris, sondern das **Santuario della Madonna Nera**, das Heiligtum der Schwarzen Madonna, das sich am höchsten Punkt des Felsens erhebt. In der erst 1975 vollendeten monströsen Kirche, die nicht gerade als geglückt bezeichnet werden kann, wird eine hoch verehrte wertvolle byzantinische *Madonna* aufbewahrt. Vor dem Gotteshaus bieten Verkäufer kleine schwarze Gipsmadonnen an.

Einzelheiten über die Herkunft der ›Madonna mit Kind‹ sind nicht bekannt. Die Legende besagt, dass das Werk eines byzantinischen Künstlers vermutlich zur Zeit des **Bildersturms** per Schiff von Konstantinopel nach Sizilien gebracht wurde. Der Marienfigur werden zahlreiche Wundertaten nachgesagt.

Eine Bäuerin war einst mit ihrem Kind von weither angereist, um die Gottesmutter anzubeten, war jedoch beim Anblick der Schwarzen Madonna schwer enttäuscht. Diese indes antwortete mit dem Vers aus dem *Hohenlied Salomos:* »Niger sum, sed formosa« (Schwarz bin ich, aber schön), der nun auch unterhalb der Statue zu lesen ist. Noch am selben Tag rutschte das Kind der Bäuerin beim Klettern vom Felsen und drohte ins Meer zu stürzen. Da zogen die Fluten sich zurück und gaben Dünen frei. Das Kind blieb unverletzt, das Wunder war perfekt. Die Einheimischen nennen das Meer an dieser Stelle aufgrund der Sandbänke **Mare secco**, trockenes Meer. Der schönste Blick auf diesen Küstenabschnitt eröffnet sich vom Felsen, der steil in das türkisfarbene Meer stürzt.

Besonderer Rummel herrscht in Tindari alljährlich zum 8. September, wenn aus Anlass des **Patronatsfestes** Pilger aus Sizilien und Italien anreisen.

Praktische Hinweise

Hotel

Villa Luca, Contrada Luca, Sant'Agata Militello, 40 km westlich von Tindari, Tel./Fax 09 41 70 23 94, Internet: www. aziendagrituristicavillaluca.it. Hübscher Agriturismo in alter Landvilla im Grünen.

Cefalu und die Madonie – idyllischer Dickkopf, Strände und einsame Bergregionen

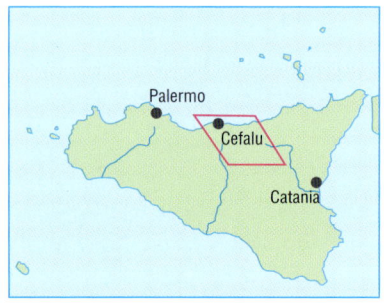

Cefalu ist wie für den Tourismus geschaffen: hübsche **Sandstrände** vor einer bizarren Felsküste und eine pittoreske **Altstadt** mit Normannendom. Im Hinterland erhebt sich das schönste Gebirge Siziliens und lädt zu Ausflügen und Wanderungen ein. Wenn der Ferien- und Badetrubel an der Küste im Hochsommer zu viel wird, zieht man sich gerne in die Berge zurück. Die **Madonie** bestehen aus steilen, mit Buchen- und Eichenwäldern dicht bewachsenen Bergrücken auf der Nordseite und kahlen Tälern im Süden. 1972 wurde ein 77 000 ha großes *Naturschutzgebiet* geschaffen. Der 1979 m hohe **Pizzo Carbonara** ist nach dem Ätna der zweithöchste Berg Siziliens. Mit Piano Zucchi und Piano Battaglia gibt es in den Madonie kleine Ferienorte inkl. Hotels und Ferienhäusern. Wandern, Trekking, Mountain-Bike-Touren und Ausflüge mit Pferden werden angeboten, im Winter kann man sogar Ski fahren.

43 Cefalu

Hübsche Stadt mit beeindruckender Landschaftskulisse und dem ersten großen Dom Rogers II.

Dank seiner herrlichen Lage, direkt am Meer und zu Füßen eines mächtigen Kalksteinfelsens, zählt Cefalu zu den beliebtesten Zielen der Sizilien-Besucher. In den Caffès auf der *Piazza del Duomo* genießen – zumindest in den Sommermonaten – vorwiegend ausländische Gäste die angenehme Atmosphäre.

Als man hier statt italienisch noch griechisch sprach, hieß das Städtchen **Kephaloidion** (Kephale = Kopf), vielleicht, weil der Fels des Vorgebirges die Stadtgründer an einen Löwenkopf erinnerte. Im Jahr 396 v. Chr. wurde der Ort erstmals urkundlich erwähnt, als er ein Bündnis mit den Karthagern schloss. 254 v. Chr. eroberten die Römer Kephaloidion, 395 n. Chr. die Byzantiner, 858 die Araber. Doch erst unter **normannischer** Herrschaft, als **Roger II.** einen Dom errichten ließ, blühte Cefalu auf. Und diese Kirche trägt auch heute noch zur Bedeutung des Küstenortes bei.

Laut Legende erfüllte Roger mit der Errichtung des Doms ein **Gelübde**. Als er auf hoher See in einen heftigen Sturm geriet und zu ertrinken drohte, gelobte er, an dem Ort, an dem er das rettende Ufer erreichen sollte, ein Gotteshaus zu errichten. Er kam in Cefalu an Land, wo

Erhabene Komposition aus Natur und Architektur – Cefalu mit dem Normannendom Rogers II. besticht durch seine einmalige Lage zu Füßen eines gewaltigen, kopfförmigen Felsens

Hier wird Gericht gehalten: der Weltenrichter von Cefalu in der Chorapsis des Duomo

1131 mit dem Bau des **Duomo** (tgl. 8–12 und 15.30–19 Uhr) begonnen wurde.

Über einer Treppe und einem Vorplatz erhebt sich der dreibogige Portikus, der aus einem späteren Umbau datiert. Die **Fassade** wird von zwei mächtigen Türmen flankiert. Der Innenraum der dreischiffigen Basilika beeindruckt allein schon durch seine großzügigen Proportionen und seine lichte Weite.

Die monumentalen **Säulen** des Langhauses sind antiken Ursprungs und besitzen römische und byzantinische Kapitelle. Der Chorbereich ist mit goldgrundigen **Mosaiken** ausgestaltet, die von byzantinischen Künstlern ausgeführt wurden. Als zentrales Motiv in der Chorapsis blickt der segnende **Christus Pantokrator** auf die Gläubigen herab. »Ich bin das Licht der Welt« verkünden der griechische und der lateinische Text im aufgeschlagenen Buch in der linken Hand des Herrschers. Die kleiner dargestellte **Muttergottes** wendet sich ebenfalls dem Betrachter zu, ist aber, wie Engel und Apostel als himmlischer Hofstaat, weniger eindringlich gezeichnet. – Der Kreuzgang ist seit langem nicht mehr zu besichtigen.

Gegenüber dem Dom führt die Via Mandralisca zum **Museo Comunale Mandralisca** (tgl. 9.30–12.30 und 15.30–19 Uhr). Das winzige Museum verdankt seine Existenz einem privaten Kunstliebhaber, der seine Sammlung, bestehend

aus allerlei Gemälden, Vasen, Münzen und Muscheln, der Stadt vermachte. Glanzstück ist das kleine ›Bildnis eines Unbekannten‹ von **Antonello da Messina**, entstanden vermutlich um 1465.

Am **Corso Ruggero**, der Haupteinkaufsstraße Cefalus, liegt der frühere Palast Roger II., **Osterio Magno** (Hausnr. 75). Der Palazzo wird heute für Sonderausstellungen und kulturelle Veranstaltungen genutzt. Von der Hauptstraße geht es rechts und links in die **Altstadt**, die mit ihren engen, verwinkelten Gassen zum Schlendern einlädt. In der *Via Vittorio Emanuele* verweist ein Schild auf eine steinerne Treppe, die hinunter zum **Lavatoio**, einer arabischen Wäscherei mit Steinbecken und Wasserrinnen, führt. Bis weit ins 20. Jh. hinein wurde hier noch Wäsche gewaschen.

Am östlichen Ende des Corso Ruggero führt rechter Hand der *Vicolo Saraceni* hinauf auf den Felsen, die **Rocca di Cefalu**. Auf 270 m Höhe befindet sich die Ruine jener **Burg**, in der Karl von Anjou 1284 während der ›Sizilianischen Vesper‹ [s. S. 19] gefangen gehalten wurde. Ein Stück weiter liegen die Reste eines vorgriechischen Heiligtums. Doch die eigentliche Attraktion des Felsens ist der herrliche **Ausblick** auf den Dom, die Altstadt und den Strand von Cefalu.

Ausflug

Etwa 20 km entfernt liegt auf 800 m Höhe die Wallfahrtskirche **Santuario di**

Der Tag geht, die Gäste kommen – an der Piazza del Duomo in Cefalu kann man abends die bezaubernde südländische Atmosphäre genießen

Gibilmanna (tgl. 7.30 – 13 und 15 – 20 Uhr). Sie ist über eine schöne Panoramastraße zu erreichen. Die Fassade der Kirche wurde ganz offensichtlich dem *Dom von Cefalu* nachempfunden.

Information: AAST, Corso Ruggero 77, Tel. 09 21 42 10 50, Fax 0 92 14 23 86. Man erhält hier auch Auskünfte über Agriturismo und Fahrten in die Madonie sowie Kartenmaterial.

Schiff

Aliscafi (Tragflügelboote) legen zu den Isole Eolie von Juni bis Sept. dreimal pro Woche ab.

Hotels

*****Baia del Capitano**, Contrada Mazzaforno, 5 km Richtung Palermo, Tel. 09 21 42 00 05, Fax 09 21 42 01 63. Komfortables Hotel, nicht weit vom Strand entfernt, mit Garten und Schwimmbad.

*****Riva del Sole**, Viale Lungomare 25, Tel. 09 21 42 12 30, Fax 09 21 42 19 84, Internet: www.rivadelsole.com. Ein

Betonkasten in Altstadtnähe. Das Innere ist jedoch freundlicher als die Fassade vermuten lässt.

Restaurants

Ristorante Trappitu, Via Carlo Ortolani di Bordonaro 96, Tel. 09 21 92 19 72. Unter einem Steingewölbe werden verführerische Antipasti und fangfrischer Fisch serviert.

Osteria La Botte, Via Veterani 6, Tel. 09 21 42 43 15. Kleines Lokal mit feinen Fischspezialitäten (Mo geschl.).

44 Petralia Soprana

Das höchstgelegene Dorf bietet weite Ausblicke über die Madonie.

Das höchstgelegene Dorf der Madonie (1147 m), einst arabischer Militärstützpunkt, hat sein mittelalterliches Bild bis in die heutige Zeit bewahrt. Besonders lohnt der Besuch am ersten Sonntag nach dem 15. August. Dann wird **Revocazione** gefeiert, ein Fest, bei dem alte bäuerliche Bräuche wieder aufleben. Verlobte und deren Eltern traben hoch zu

Ross durch die Straßen. Sie tragen Stangen mit Weizengarben zu Ehren von Demeter, der Göttin der Erde und der Fruchtbarkeit.

45 Sperlinga

Wohnen in Höhlen.

Zwischen den *Madonie* und den benachbarten *Nebrodi* klammert sich Sperlinga

Angelehnt – in Nicosia sind die Wohnhäuser in den Hang gebaut

---

Höhenstraßen

Die SS 120 ist die **Strada dell' Etna e delle Madonie** *und führt durch die Bergketten der Madonie und Nebrodi im Landesinneren. Zwischen Buchen- und Kastanienwäldern liegen die höchsten und einige der schönsten Orte der Insel. Im Frühjahr fällt hier noch Schnee, sogar im Hochsommer kann es über 1500 m Höhe noch kühl sein, im Winter sollte man nicht ohne Schneeketten fahren.*

Wie ein Balkon liegt **Polizzi Gererosa** *mit seinen Renaissance- und Barockbauten in den Hügeln und bietet sich als Ausgangspunkt für ausgedehnte Wanderungen an.*

Griechische Kolonisten sollen, 1000m hoch, **Petralia Soprana** *und* **Petralia Sottana***, zwei Bergdörfer im südlichen Gebirge, angelegt haben. In der Chiesa della Trinita in Sottana befindet sich einer der größten sizilianischen Altarretabel, aber auch die anderen Kirchen sind reich ausgestattet. Palermitaner kommen gern zu Wochenendausflügen hierher und genießen den bei guter Sicht schönen Ausblick auf Enna und den Ätna.*

Die Höhlenwohnungen von **Sperlinga** *sind längst kein Geheimtipp mehr. Das von Pinienhainen umgebene* **Nicosia** *war im Mittelalter Handelszentrum und sogar Verkehrsknotenpunkt. Am Brunnen von* **Leonforte** *treffen sich abends die Dorfbewohner.*

In den **Nebrodi** *werden Pferde, Schafe, Ziegen und Kühe gehalten, doch Menschen trifft man kaum.* **Troina** *wirkt noch ganz mittelalterlich. Von hier aus eroberte Roger I. den Rest der Insel. Über* **Randazzo** *fährt man direkt auf den Ätna zu. Auch vom höchsten Ort,* **Floresta** *auf 1275 m, kann man herrlich wandern – und weit sehen.*

---

auf 750 m Höhe an den steilen Felsen, den ein zinnenbekränztes *Normannenkastell* krönt.

Der Ort war bereits in vorgeschichtlicher Zeit besiedelt. Hunderte von **Gräbern**, die in den Fels geschlagen wurden, nutzten Menschen in späteren Jahrhunderten als *Wohnungen*. Als das Wohnen in den Höhlen verboten wurde, setzten die Bewohner kurzerhand traditionelle Häuserfassaden vor die Eingänge.

Auf steilen, ausgetretenen Stufen kann man hinauf zum **Normannenkastell** steigen. Das Portal trägt die Inschrift »Quod Siculis placuit, sola Sperlinga negavit« (Was Sizilien beschloss, dem widersetzte sich Sperlinga), die daran erinnert, dass die Bewohner sich nicht nur weigerten, an der ›Sizilianischen Vesper‹ teilzunehmen, sondern zudem französischen Flüchtlingen Zuflucht gewährten.

127

Sizilien aktuell A bis Z

Vor Reiseantritt

ADAC Info-Service:
Tel. 0 18 05/10 11 12, Fax 30 29 28
(0,12 €/Min.)

ADAC im Internet:
www.adac.de
www.adac.de/reisefuehrer

Sizilien im Internet:
www.regione.sicilia.it
www.siciliano.it

Informationen erteilt das **Staatliche Italienische Fremdenverkehrsamt ENIT** (*Ente Nazionale Italiano per il Turismo*):

Internet: www.enit.it

Prospektbestellung:
Tel. 0 08 00 00 48 25 42 (gebührenfrei)

Call-Center innerhalb Italiens:
Tel. 8 00 11 77 00 (gebührenfrei)

Deutschland
Kontorhaus Mitte,
Friedrichstr. 187, 10117 Berlin,
Tel. 0 30/2 47 83 98, Fax 2 47 83 99,
E-Mail: enit-berlin@t-online.de

Kaiserstr. 65, 60329 Frankfurt/Main,
Tel. 0 69/23 74 34, Fax 23 28 94,
E-Mail: enit.ffm@t-online.de

Lenbachplatz 2, 80333 München,
Tel. 0 89/53 13 17, Fax 53 45 27,
E-Mail: enit-muenchen@t-online.de

Österreich
Kärntnerring 4, 1010 Wien,
Tel. 01/5 05 16 39, Fax 5 05 02 48,
E-Mail: delegation.wien@enit.it

Schweiz
Uraniastr. 32, 8001 Zürich,
Tel. 0 12 11 30 31, Fax 0 12 11 38 85,
E-Mail: enit@bluewin.ch

Allgemeine Informationen

Reisedokumente

Reisepass oder **Personalausweis**. Für Kinder unter 16 Jahren ist Kinderausweis oder Eintrag im Elternpass erforderlich.

Kfz-Papiere

Führerschein, Fahrzeugschein und Internationale Grüne Versicherungskarte. Einen fremden Wagen sollte man nur mit Vollmacht des Fahrzeughalters fahren.

Krankenversicherung und Impfungen

Auslandskrankenscheine deutscher und österreichischer Krankenkassen garantieren kostenlose Behandlung in öffentlichen Krankenhäusern und bei Vertragsärzten. Allerdings muss man die Scheine vorher bei der örtlichen ASL (*Agenzia Sanitaria Locale*) abstempeln lassen, um ein Heft mit Berechtigungsscheinen zu erhalten. Es empfiehlt sich eine zusätzliche **Auslandskrankenversicherung**.

◁ *Urlaubsfreuden: Stimmungsvolles Freiluftlokal, herrlich kitschige Souvenirs, leckeres Marzipan für den Hunger zwischendurch, fröhliches Gewimmel am Badestrand und blumenreiche Wanderwege*

Für **Haustiere** benötigt man ein höchstens 30 Tage altes tierärztliches Gesundheitszeugnis und eine Tollwutimpfbescheinigung (mindestens 20 Tage, maximal 11 Monate alt).

Zollbestimmungen

Innerhalb der EU darf *Reisebedarf* für den persönlichen Gebrauch abgabenfrei und ohne Beschränkungen eingeführt werden. *Richtmengen* für Privatreisende: 800 Zigaretten, 400 Zigarillos, 200 Zigarren, 1 kg Tabak, 10 l Spirituosen, 20 l Zwischenerzeugnisse, 90 l Wein (davon maximal 60 l Schaumwein), 110 l Bier.

Bei Reisen in und durch **Drittländer** (Schweiz) dürfen zollfrei mitgeführt werden: 1 Stange Zigaretten, 1 l Spirituosen über 22 % oder 2 l Spirituosen unter 22 %, 50 ml Parfum, 250 ml Eau de Toilette, 500 g Kaffee und 100 g Tee.

Geld

Die gängigen *Kreditkarten* und *Reiseschecks* werden in Banken, Hotels und in den meisten Geschäften akzeptiert. An zahlreichen *EC-Geldautomaten* kann man rund um die Uhr Geld abheben. Auch mit der *Postbank SparCard* erhält man an VISA-PLUS-Automaten rund um die Uhr Geld (viermal im Jahr max. 2000 € im Monat).

Tourismusämter im Land

Assessorato al Turismo (AAT), Via E. Notarbatolo 9, Palermo, Tel. 09 16 96 82 01, Fax 09 16 96 81 35

In fast allen größeren Orten gibt es **Tourismusbüros** (AAST – *Azienda Autonoma di Soggiorno e Turismo* bzw. AAPIT oder APT – *Azienda Autonoma Provenciale per l'Incremento Turistico*), in denen man Stadtpläne und Broschüren erhält. Die Adressen sind unter **Praktische Hinweise** bei den jeweiligen Orten aufgeführt.

Notrufnummern

Polizeinotruf, Unfallrettung: Tel. 113

Polizei (Carabinieri): Tel. 112

Feuerwehr (Vigili del Fuoco): Tel. 115

Pannendienst des ACI (Soccorso Stradale): Tel. 80 31 16, Mobil: 8 00 11 68 00 (rund um die Uhr, mehrsprachig). Man achte auf die gelben Notrufsäulen auf den Autobahnen (ca. alle 2 km).

ADAC-Notrufzentrale München: Tel. 00 49/89/22 22 22 (rund um die Uhr)

ADAC-Ambulanzdienst München: Tel. 00 49/89/76 76 76 (rund um die Uhr)

Österreichischer Automobil Motorrad und Touring Club
ÖAMTC Schutzbrief-Nothilfe: Tel. 00 43/(0)1/2 51 20 00

Touring Club Schweiz
TCS Zentrale Hilfsstelle: Tel. 00 41/(0)2 24 17 22 20

Bei Unfällen mit *Sachschäden* ist es dringend erforderlich, die Versicherungsanstalt und die Versicherungsnummer des Unfallgegners zu notieren. Bei Unfällen mit *Personenschäden* muss die Polizei verständigt werden. Bei Autodiebstählen wende man sich an die nächste Polizeidienststelle (Auskunft über ACI).

Diplomatische Vertretungen

Deutschland
Honorarkonsulat, Via Francesco Scaduto 2 d, Palermo, Tel. 09 16 25 46 60, Fax 0 91 34 70 34, E-Mail: tortorici.lex@virgilio.it

Österreich
Honorarkonsulat, Via Leonardo da Vinci 145, Palermo, Tel. 09 16 82 56 96, Fax 09 16 82 39 56

Schweiz
Konsulat, Via dei Mille 16, Neapel, Tel. 08 14 10 70 46, Fax 0 81 40 09 47, E-Mail: vertretung@nap.rep.admin.ch

Besondere Verkehrsbestimmungen

Tempolimits (in km/h): Für Pkw, Motorräder und Wohnmobile gilt innerorts 50, außerorts 90, auf Schnellstraßen 110 und auf Autobahnen 130. Für Wohnmobile über 3,5 t gilt außerorts 80, auf Autobahnen 100; Pkw mit Anhänger dürfen außerorts und auf Schnellstraßen max. 70, auf Autobahnen 80 fahren.

Motorrad- und Mopedfahrer müssen immer mit *Abblendlicht* fahren, Autofahrer nur auf Autobahnen.

Es besteht *Anschnallpflicht* und für Lenker und Mitfahrer von Zweiradfahrzeugen *Sturzhelmpflicht*. Kinder unter 12 Jahren müssen auf dem Rücksitz befördert werden. Das *Telefonieren* während der Fahrt ist nur mit Freisprechanlage erlaubt. Das Nationalitätenkennzeichen ist Pflicht, es sei denn, das Fahrzeug besitzt ein EU-Kennzeichen.

Die *Promillegrenze* liegt bei 0,5.

Öffentliche *Parkplätze* sind durch weiße oder blaue Markierungen gekennzeichnet. Die ›blauen‹ Parkplätze sind gebührenpflichtig.

Wichtig: Jede Ladung, die nach hinten überragt (Surfbretter, Boote, Fahrradständer), muss mit einer 50 × 50 cm großen rot-weiß-roten reflektierenden Warntafel (ggf. mit Rückstrahlern) versehen sein. Keine Ladung darf über die Vorderkante des Fahrzeugs hinausragen.

Anreise

Auto

Umfangreiches **Informations-** und **Kartenmaterial** können Mitglieder des ADAC kostenlos bei den Geschäftsstellen oder unter Tel. 0 18 05/10 11 12 (0,12 €/Min.) anfordern. Außerdem sind im ADAC Verlag erschienen: die Länder-Karte *Italien* (1:750 000), die Urlaubs-Karte *Sizilien* (1:200 000), der Reise-Atlas *Deutschland/Europa* (1:200 000), und der TravelAtlas *Europa* (1:750 000). Internet: www.adac.de/karten.

Man gelangt über die **A1** Mailand – Rom – Neapel und die **A3** Neapel – Reggio di Calabria nach Villa San Giovanni. Von dort geht die Autofähre nach Messina.

Die österreichischen und Schweizer Autobahnen sind **mautpflichtig** (Vignetten beim ADAC, an Tankstellen und Grenzstationen). Die Autobahngebühren in Italien richten sich nach der Wagenklasse. Mit der bargeldlosen *Viacard* (Karten zu 25 €, 50 € oder 75 € beim ADAC, in Italien an der Grenze und an Autobahnstationen erhältlich) wird man an vielen Mautstellen auf eigenen Fahrspuren meist schneller abgefertigt.

Autobahn-Tankstellen sind durchgehend geöffnet. Auf Sizilien jedoch sind manche über Mittag oder am Wochenende geschlossen. Die übrigen Tankstellen sind in der Regel Mo–Fr 7–12.30 und 15.30–19.30 Uhr geöffnet. Am Wochenende machen sie Schichtdienst.

Bahn und Autozug

Es existieren keine direkten Bahnverbindungen von Deutschland, Österreich oder der Schweiz nach Sizilien. Erst ab Rom oder Neapel kann man inkl. der Überfahrt per Fähre (bei Villa San Giovanni) direkt nach Messina reisen. Von dort aus gibt es Zugverbindungen kreuz und quer über die Insel. Autozüge verkehren von Mai bis Oktober jeden So zwischen München und Neapel.

Fahrplanauskunft:

Deutschland
Deutsche Bahn, Tel. 1 18 61 (persönlich), Tel. 08 00/ 1 50 70 90 (sprachgesteuert) Internet: www.bahn.de
Deutsche Bahn AutoZug, Tel. 0 18 05/ 24 12 24, Internet: www.autozug.de
Österreich
Österreichische Bundesbahn, Tel. 05 17 17, Internet: www.oebb.at
Schweiz
Schweizerische Bundesbahnen, Tel. 09 00 30 03 00, Internet: www.sbb.ch

Bus

Von mehreren deutschen Großstädten fahren Busse der Deutschen Touring nach Messina, Palermo, Catania etc. Zentrale Reservierungsstelle:
Deutsche Touring, Am Römerhof 17, 60486 Frankfurt/Main,
Tel. 0 69/79 03 50, Fax 7 90 32 19,
Internet: www.deutsche-touring.com.

Flugzeug

Beide internationalen Flughäfen Siziliens, *Palermo* (Tel. 09 17 02 01 11, 8 00 54 18 80, Internet: www.gesap.it) und *Catania* (Tel. 09 57 23 91 11, Flugauskunft: Tel. 0 95 34 05 05, Internet: www.cormorano.net / aeroporto.catania), kann man mehrmals täglich per Linienflug erreichen, man muss jedoch in Rom oder Mailand umsteigen. *Charterflüge* werden nur in der Saison angeboten.

Schiff

Man kann die Schiffsreise nach Sizilien in *Livorno, Genua, Neapel* oder *Salerno* beginnen. Die Fähren verkehren über Nacht nach **Palermo**. **Messina** erreicht man mit der Fähre von *Reggio di Calabria* oder *Villa San Giovanni* mehrmals stündlich in etwa 30 bzw. 60 Min. *Auskunft* in Reisebüros oder im Internet: www.faehre-online.de.

Die **Liparischen Inseln** erreicht man per Fähre von Neapel oder Milazzo aus, Aliscafi fahren von Neapel, Reggio di Calabrai, Messina, Milazzo und Palermo zu den Inseln. *Auskunft* in Reisebüros oder im Internet: www.isolelipari.it.

Achtung: Alicudi, Stromboli und Panarea sind für Fahrzeuge von Nicht-Einwohnern gesperrt. Auf Lipari, Vulcano und Filicudi dürfen Juli – Sept. nur Besucher Auto fahren, die mind. 7 Tage auf der Insel bleiben.

Bank, Post, Telefon

Bank

Die Banken sind in der Regel Mo–Fr 8.30–13.30 Uhr geöffnet.

Post

Briefmarken (*Francobolli*) werden auch in Tabakläden (*Tabacchi*) verkauft. Die meisten Postämter sind Mo– Sa 8–14 Uhr geöffnet.

Telefon

Internationale Vorwahlen:
Italien 00 39
Deutschland 00 49
Österreich 00 43
Schweiz 00 41

Hinweis: In Italien ist die Ortsnetzkennzahl fester Bestandteil der Telefonnummern und muss **immer** (inkl. der 0) mitgewählt werden. Dagegen fällt bei Handynummern die Null weg.

Die öffentlichen Telefone funktionieren mit **Telefonkarten** (*Scheda telefonica*, perforierte Ecke abreißen), die zu 1€, 2,50€ und 5€ in Tabakläden, Kiosken und manchen Bars verkauft werden.

Die Benutzung handelsüblicher GSM-**Mobiltelefone** aller deutschen Netzbetreiber ist in Italien möglich. Man sollte sich vor Reiseantritt über das günstigste Netz vor Ort informieren und das eigene Handy entsprechend programmieren.

Einkaufen

Öffnungszeiten

Geschäfte haben in aller Regel 9–13 Uhr und 15.30/16–19.30/20 Uhr geöffnet. Eine Ausnahme bildet *Taormina*, dort kann man in der Saison bis 22 Uhr einkaufen.

Souvenirs

Palermo ist nicht Mailand, doch gibt es durchaus schöne und elegante Geschäfte. Das Gleiche gilt für Syrakus und Catania. Auch in Taormina findet man eine Auswahl von **Modegeschäften** und **Juwelieren**. Wer italienische **Schuhe** liebt, wird sie auf Sizilien sicherlich finden. Naschkatzen können aus einer Fülle an **Süßigkeiten**, besonders Marzipan und Mandelgebäck, wählen. Immer wieder wird man auch auf schöne **Keramikwaren** stoßen. **Spitzendecken** und Stickereien werden in Taormina angeboten.

Essen und Trinken

Der sizilianische Tag beginnt mit einem kargen **Frühstück**, meist im Stehen in einer Bar eingenommen: Cappuccino oder Caffè latte und Cornetto. Beim **Mittagessen** werden üblicherweise mindestens zwei Gänge geordert. Wer nur Nudeln essen möchte, sollte das schon bei der Bestellung sagen. Das **Abendessen** umfasst drei oder mehr Gänge und bildet den Höhepunkt des Tages.

Snacks: Wo Touristen sind, gibt es **Pizza**, aber der Ofen wird häufig erst abends in Gang gesetzt. Wer nur eine Kleinigkeit essen möchte, wird zum klassischen sizilianischen Imbiss greifen, zu den **Arancine**, panierten Reisbällchen, die wie Orangen aussehen, aber mit Erbsen, Eiern und Käse oder Fleisch gefüllt sind.

Die **sizilianische Küche** ist »so arm wie das Land und so reich wie seine Geschichte«. Fantasievolle Kreationen und Kräuter fallen besonders auf. Fenchel, Kapern, wilder Spargel, Löwenzahn und Sellerie wuchsen schon immer hier und fanden reiche Verwendung. Araber, Franzosen und Spanier brachten ihre Spezialitäten mit. Desserts und süßes Gebäck finden sich in jeder Küche.

Primo: Risotto als erster Gang ist so verbreitet wie **Pasta**, beides mit Fisch, Pilzen, Gemüse, hin und wieder auch Fleisch oder Geflügel. **Pasta con le Sarde**, mit Sardinen, steht auf fast jeder Speisekarte. Ebenso **Caponata**, das Nationalgericht, eine kalt servierte Vorspeise aus gekochten Auberginen, Kapern, Kürbis, Tomaten und Oliven.

Secondo: Abgesehen von den üblichen italienischen Fleischgerichten gibt es z. B. die **Involtini**, kleine Rouladen, in denen wie im großen Sonntagsbraten *Farsu magru,* eine Mischung aus Mortadella, Eiern, Hackfleisch, Käse und Kräutern, steckt. Sie schmecken am besten frisch zubereitet. Frisch aus dem **Meer** kommen Schwertfisch, Muscheln, Thun- und Stockfisch. Sie alle werden auf unterschiedlichste Art zubereitet, geröstet, gegrillt, mariniert, mit Rosinen, Pinienkernen, Lorbeer, Orangensaft. Meist wird der zweite Gang ohne **Beilagen** serviert. Diese *Contorni* muss man extra bestellen, es sind Kartoffeln, Gemüse oder Salate.

Das **Dessert** sollte denn auch ein köstliches Essen abschließen, es womöglich sogar übertreffen. Sizilianische Restaurants warten mit einer großen Auswahl auf: mit **Eiskreationen**, ganz- und halbgefroren *(semifreddo)*, Cassata z. B. oder Spumoni, Schaumgefrorenes aus Zitrone und Schokolade, oder **Cannoli**, Teigrollen mit zimtgewürztem Quark. Auch zahlreiche verführerische Torten werden angeboten.

Auf Sizilien wird Alkohol eher in Maßen getrunken. Zum Essen darf der **Wein** natürlich nicht fehlen. Am bekanntesten ist der weiße (oder rote) **Corvo**. Feuriger sind Weine vom Ätna wie der **Etna Rosso**. Weitere gute Weinsorten sind Rapitalà, Regaleali und Donnafugata (weiß und rot). Als *Dessertwein* empfiehlt sich natürlich der trockene **Marsala** oder als besondere Leckerei die Mandelvariante *Marsala alle mandorle*. *Liquore Ericino* ist ein Zitronenlikör und eignet sich als Digestif.

Und zum Abschluss noch einen **Caffè** (so heißt hier der Espresso). Wer ihn besonders stark mag, bestellt ihn *ristretto*; *macchiato* (gefleckt) dagegen ist mit einem Schuss Milch. Mit einem Hauch Likör ›korrigiert‹ ist es ein *Caffè coretto*.

Wer über die Hotel- und Restaurantangebote hinaus dem ›Landestypischen‹ näher kommen will, sollte es in Garküchen und **Osterien** versuchen, die meist etwas versteckt in der Hafengegend der Städte liegen. Hier gibt es z.B. Schwertfisch vom Rost, knusprige Sardinen, Tintenfische und Innereien vom Spieß.

Il conto heißt die Rechnung: sie enthält *Pane e Coperto*, den üblichen Aufschlag für Brot und Gedeck, sowie gelegentlich auch Bedienungsgeld (*Servizio*).

Feste und Feiern

Feiertage

1. Januar (*Capodanno*), 6. Januar (*Epifania*/Heilige Drei Könige), Ostermontag (*Pasquetta*), 25. April (*Liberazione*/Fest der Befreiung), 1. Mai (*Festa del lavoro*), 15. August (*Festa dell'Assunta*, *Ferragosto*/Mariä Himmelfahrt), 1. November (*Ognissanti*/Allerheiligen), 8. Dezember (*Immacolata Concezione*/Mariä Empfängnis), 25. Dezember (*Natale*) und 26. Dezember (*Santo Stefano*).

Feste

Sizilianer feiern gern. Mindestens zwei festliche Höhepunkte kennt auch das kleinste Dorf: Die **Karwoche** steht ganz im Zeichen von Prozessionen. Daneben wird, meist im Sommer, der Namenstag der jeweiligen **Stadtheiligen** gefeiert.

Januar

Palermo, **Piano degli Albanesi** (6. Januar): *Epifania*. Umzüge zum Feiertag der Heiligen Drei Könige.

Februar

Catania (1.–5. Februar): *Festa di Sant' Agata*. Eine Woche lang wird die Stadtpatronin gefeiert, u. a. mit der Prozession der Cannaroli (riesige Kerzenständer).

Acireale (Ende Februar): *Carnevale*. Bis Rosenmontag finden Umzüge mit Prunkwagen und vielen lustigen Pappmachéköpfen und -figuren statt [s. S. 108].

März/April

Caltanissetta *(*Karwoche): *Giorni della Pena*. Ab Mittwoch vor Ostern Passionsspiele mit Umzügen und Prozessionen.

Enna (Karfreitag): *Incapucciati*. 15 Gilden ziehen in historischen Bußgewändern (Kapuzen) zum Dom [s. S. 71].

Trapani (Karfreitag): *Processione dei Misteri*. Geschmückte Wagen mit Statuen zum Leidensweg Christi werden durch die Straßen geschoben.

Marsala (Gründonnerstag): *Processione dei Misteri*. Beeindruckender Mysterienumzug.

April

Auf ganz Sizilien (23. April): *Festa di San Giorgio*. Umzüge zu Ehren des hl. Georg.

Mai

Syrakus (1. Maisonntag): *Festa di Santa Lucia*. Zu Ehren der Stadtheiligen findet eine Prozession statt.

Juni

Palazzolo Acreide (28./29. Juni): *Festa di San Paolo*. Prozession mit festlichem Rahmenprogramm und buntem Feuerwerk.

In den Fischerdörfern (29. Juni): *Festa di San Pietro*. Feierlichkeiten für den Schutzheiligen der Fischer.

Juli

Enna (2. Juli): *Fest des ›Goldenen Schiffs‹*

Palermo (11.–15. Juli): *Festa di Santa Rosalia*. Prozession zwischen Cattedrale und Quattro Canti, abends Volksfest und Feuerwerk auf dem Foro Italico [s. S. 36].

Caltagirone (25. Juli): *Festa di San Giacomo*. Zur Gedenkfeier des Heiligen werden die 142 Stufen der Scalinata mit Kerzen beleuchtet.

August

Piazza Armerina (13.–14. August): *Palio dei Normanni*. Pferderennen und Umzüge in normannischen Kostümen.

Messina (12. August): *Meeresprozession* auf dem Stretto, der Meerenge von Messina; (14./15. August): *Passeggiata dei Giganti* und *Processione della Vara*. Umzug der normannischen Riesen und Prozession der *Vara*, des Wolkenwagens mit Marienstatue [s. S. 118].

September

Palermo (3. September): Fackelprozession zur Grotte der Santa Rosalia auf dem Monte Pellegrino [s. S. 36].

Tindari (8. September): *Festa della Madonna Nera*. Fest zu Ehren der Schwarzen Madonna.

November

Palermo (2. November): *Giorno dei Morti*. Zu Allerseelen besuchen Familien mit Kindern die Katakomben [s. S. 36].

Klima und Reisezeit

Sizilien gehört zu den sonnigsten Gebieten Europas, hier mischen sich Mittelmeerklima und nordafrikanisches Klima. Drei Viertel der jährlichen Regenmenge fällt im feucht-milden Herbst und Winter. Von Dezember bis April herrschen über 2500 m Höhe sichere **Wintersportbedingungen**. Der Gipfel des Ätna ist nur zwei Monate im Jahr schneefrei. Das Frühjahr ist kurz, meist beginnt schon im Mai der **Sommer**. Im Hochsommer werden Temperaturen von bis zu 40 °C gemessen. Heiß weht der Wüstenwind **Scirocco**, der an ca. 20 Tagen im Jahr eine ganztägige Siesta erstrebenswert macht. Dann sind die Temperaturen nur in Höhenlagen einigermaßen angenehm.

Klimadaten Sizilien

Monat	Luft (°C) min./max.	Wasser (°C)	Sonnen- std./Tag	Regen- tage
Januar	5/14	14	4	12
Februar	6/15	14	5	11
März	4/17	14	6	8
April	9/20	15	7	7
Mai	12/23	17	9	4
Juni	16/27	21	10	3
Juli	18/30	24	11	1
August	19/31	26	10	1
September	17/28	24	8	5
Oktober	14/24	22	6	9
November	10/20	19	5	11
Dezember	7/16	16	4	12

Kultur live

Februar

Agrigent (Ende Februar): *La Sagra del Mandorlo*. Mandelblütenfest mit Folkloredarbietungen.

Mai–Juni/Juli

Syrakus, Catania, Taormina, Tindari: *Spettacoli classici*. Festival der antiken Tragödie mit Aufführungen in den Griechischen Theatern.

ab Juli

Acireale: *Opera dei Pupi*. Marionettentheater während der Sommersaison.

Erice (Juli–Aug.): *Settimana di Musica Medievale e Rinascimentale*. Internationale Mittelalter- und Renaissance-Musikwoche.

Gibellina (Juli–Sept.): *Orestiade*. Alljährlich wird das Aischylos-Drama von renommierten Regisseuren inszeniert.

Noto (Mitte Juli–Mitte Aug.): *Festival Internazionale di Musica Classica*. Konzerte klassischer Musik.

Syrakus (Juli–Sept.): *Festival Internazionale di Musica e Danza*. Musik- und Tanzdarbietungen allerart.

Taormina (Juli/Aug.): *Taormina Arte*. Kulturfestival im Griechischen Theater, und im nahe gelegenen Kongresszentrum, u. a. Opernaufführungen, Film- und Musikveranstaltungen; Marionettenspiele und Konzerte im Giardino Pubblico.

August

Agrigent: *Persephone-Festival*. Theaterfestival beim Tal der Tempel, vor allem Stücke von Luigi Pirandello.

Oktober

Marsala und **Erice**: Weinfest

Palermo (Okt.–Anfang Nov.): *Festival sul Novecento*. Kulturspektakel voller Musik, Tanz, Theater, Kino und Kunst.

November

Catania (Nov.–April): *Theatersaison*. Konzerte im Teatro Massimo Bellini.

Palermo (Nov.–Juni): *Opernsaison*. Im Teatro Politeama und *Konzertsaison* im Auditorium San Salvatore.

Dezember

Erice: *Rassegna Internazionale degli Strumenti Popolari*. Parade der Volksmusikanten.

Kuren

Ein gutes Dutzend Thermalbäder, z. B. Acireale, bietet Kuren an, hauptsächlich für Rheuma- und Bronchitispatienten, aber auch für Menschen, die an Haut- und Knochenerkrankungen leiden. Die Broschüre ›Terme di Sicilia‹ ist beim jeweiligen regionalen Tourismusbüro anzufordern.

Nachtleben

Das Nachtleben spielt sich meist im Freien ab, vor allem vor den Caffès in den Fußgängerzonen – bei Eis oder einem Glas Wein. In **Palermo** bummelt man gern über die Via della Libertà und die anderen Boulevards des Zentrums. **Taormina** wird vom Frühjahr an nach Einbruch der Dunkelheit zu einem großen Abendlokal unter freiem Himmel, bei dem die Kerzen auf den Tischen in schmalen Gassen flackern. Diskotheken (meist nur im Sommer geöffnet) gibt es in **Giardini-Naxos** und selbstverständlich in den Großstädten. In **Agrigent** bummelt man um die Treppen und Plätze an der Via Atenea, in **Syrakus** auf Ortygia, wo sich sonntags schon am Nachmittag die Massen drängen. Treffpunkte in **Catania** sind die Piazza Duomo und die Via Etnea.

Sport

Bootsausflüge

Segelboote sind in allen großen Badeorten zu mieten. Und für alle, die Fischfang live erleben wollen: Von Cefalu und Sant'Agata Militello kann man Tages- oder Mehrtagesausflüge an Bord von *Fischerboooten* machen (Internet: www.federcoopescaturismo.it).

Reiten

Im Rahmen des *Agriturismo* (Urlaub auf dem Lande) bieten einige Höfe in den Madonie auch Pferdetrekking an.

Schwimmen

Die *Badesaison* beginnt im Mai und endet im September. Industrie, Landwirtschaft und Städte verschmutzen das Meer jedoch stellenweise. Relativ **sauber** sind die **Strände** – *im Norden:* um Capo San Vito, in Mondello, Cefalu und an den Lagunen von Tindari – *im Osten:* bei Taormina in Mazzaro, Giardini-Naxos, Acireale, Fontane Bianche, Portopalo di Capo Passero – *im Süden:* bei Pozzallo, Sampieri, Donnalucata, Marina di Ragusa, Camarina, Falconara, östlich von Lido Rosello, Marinella di Selinunte – *im Westen:* südlich von Marsala und am Monte Cofano. Immer lohnen sich Badeausflüge zu den zahlreichen kleineren sizilianischen Inseln.

Skifahren

Auf der *Nordseite* des **Ätna** gibt es Schutzhütten und Lifte für alpine Skifahrer, die *Südseite* ist erfahrenen Tiefschneefahrern vorbehalten. Abfahrtspisten und Lifte gibt es auch in den **Madonie**, während die **Nebrodi** sich für Langläufer eignen.

Tauchen

Die Inseln vor Siziliens Küste sind wahre Taucherparadiese, in Giardini-Naxos kann man das Tauchen lernen [s. S. 108], die Ausrüstung sollte man aber am besten mitbringen.

Wandern

Auskünfte über die schönsten Wanderwege in den Madonie und Nebrodi und am Ätna erteilt:

Club Alpino Italiano (CAI), Via Nicolo Grazilli 59, Palermo, Tel./Fax 0 91 32 94 07, Internet: www. palermoweb.com/caipalermo.

Statistik

Lage: Mit 25 710 km^2 umfasst Sizilien 8,5 % des italienischen Staatsgebietes. Die Gebirgskette Madonie im Norden der Insel erreicht Höhen bis zu 2000 m. Nach Süden schließt sich Hügelland an, Schwemmlandebenen säumen die Ost- und Südküste. Der Ätna ist mit 3350 m der höchste Gipfel Italiens außerhalb der Alpen.

Bevölkerung: 5,1 Mio., von denen mehr als 30 % in den größeren Städten an der Küste leben.

Hauptstadt: Palermo (710 000 Einw.)

Wirtschaft: Drei Viertel der Fläche Siziliens wird landwirtschaftlich genutzt, beschäftigt aber weniger als 20 % der Sizilianer. Auf dem Hauptanbaugebiet im Inselinneren wird extensiv Weizen angepflanzt, im Westen hat sich der Weinanbau seit 1960 vermehrt, und im Osten und Norden macht Bewässerung den Anbau von Obst und Zitrusfrüchten möglich, an den Ätna-Hängen gedeihen außerdem Aprikosen, Artischocken, Zucchini, Mandeln, Haselnüsse, Pistazien und Oliven. Der Industriesektor mit knapp 25 % der Beschäftigten konzentriert sich mit Erdöl-, Erdgas- und Schwefelvorkommen auf den Süden. Fast die Hälfte der Sizilianer ist mittlerweile

Aktuell A bis Z

im Dienstleistungssektor tätig. Man setzt große Hoffnungen in den Fremdenverkehr, der bisher allerdings gerade 5 % des gesamt-italienischen Tourismus ausmacht. Bei den Besucherzahlen rangieren Franzosen bislang an erster Stelle, Deutsche an zweiter.

Unterkunft

Sizilien ist kein Billigreiseland, schon gar nicht während der Saison. Ein Verzeichnis der Unterkünfte erhält man beim Staatlichen Italienischen Fremdenverkehrsamt ENIT [s. S. 129]. Empfehlungen bieten die **Praktischen Hinweise** bei den jeweiligen Orten.

Camping

Campingplätze, besonders wenn sie in der Nähe historischer Stätten oder am Meer liegen, sind nicht preiswert, überdies kostet die warme Dusche fast überall extra. Eine Beschreibung geprüfter Anlagen bieten der **ADAC Camping-Caravaning-Führer**, Band Südeuropa (auch als CD-ROM) und der **ADAC Urlaubsführer Europa**, die beide jährlich erscheinen (Internet. www.adac.de/campingfuehrer).

Hotels

Fünf Hotelkategorien werden in Sizilien angeboten, wobei Komfort und Service gelegentlich nicht nordeuropäischem Standard entsprechen. *Infos* und *Links* im Internet: www.sicily-hotels.com

Jugendherbergen

Auf Sizilien gibt es Jugendherbergen in Canneto auf Lipari, in Taormina, Castroreale, Noto, Nicolosi und Trapani-Erice. Den Internationale Jugendherbergsausweis nichts vergessen. Infos:

Associacia Italiana Alberghi per la Gioventù (AIG), Via Cavour 44, Rom, Tel. 0 64 87 11 52, Fax 0 64 88 04 92, Internet: www.ostellionline.org.

Deutsches Jugendherbergswerk, Bismarckstr. 8, 32756 Detmold, Tel.05231/74010, Fax 74 01 74, Internet: www.jugendherberge.de

Pensionen und Agriturismo

Pensionen unterstehen übertreffen billige Hotels oft in Komfort und Service. Adressen von Privatzimmern oder Zimmern auf dem Land erhält man bei:

Bed & Breakfast Italia, Corso Vittorio Emanuele II. 282/284, Roma, Tel. 0 66 87 86 18, Fax 0 66 87 86 19, Internet: www.bbitalia.it.

Agritourist, Corso Vittorio Emanuele II 101, Rom, Tel. 0 66 85 23 42, Fax 0 66 85 24 24, Internet: www.agriturist.it.

Verkehrsmittel im Land

Wer es nicht allzu eilig hat, kann sich in Sizilien gut mit öffentlichen Verkehrsmitteln bewegen. Fahrten in abgelegene Gebiete erfordern allerdings sorgfältige Planung, weil Busse dorthin nicht unbedingt täglich verkehren.

Bahn

Die Bahn ist preiswert (außer Rapido) und langsam, manche Bahnhöfe liegen mehrere Kilometer von den Sehenswürdigkeiten entfernt (z.B. Selinunt). Für Vielfahrer gibt es Vergünstigungen.

Trenitalia, Tel. 8 48 88 80 88 (innerhalb Italiens, gebührenfrei), Internet: www.trenitalia.com.

Bus

Auf Sizilien verkehren zwei Buslinien, die staatliche AST und die private SAIS mit klimatisierten Fahrzeugen. Die Busse sind schnell und preiswert. Fahrkarten kauft man an Automaten, Zeitungskiosken oder besonderen Fahrkartenverkaufsschaltern am Busbahnhof (Autostazione). Auskünfte erteilen Reisebüros oder Büros der Compagnia Italiana Turismo (CIT).

Mietwagen

Es lohnt sich, Mietwagen vor der Reise zu buchen. Wer keine Kreditkarte hat, muss eine Kaution hinterlegen, die er bei Ablieferung des Fahrzeuges zurückerstattet bekommt. Für Mitglieder bietet die **ADAC-Autovermietung GmbH** günstige Konditionen. Buchungen über die ADAC-Geschäftsstellen oder unter Tel. 0 18 05/31 81 81 (0,12 €/Min.).

Taxi

Taxis, vor allem in Palermo und Catania, genießen einen eher schlechten Ruf. Taxameter werden auch nach Aufforderung kaum eingeschaltet. Für Gepäck, Nachtfahrten oder Feiertagsfahrten werden häufig Aufschläge berechnet.

Sprachführer

Das Wichtigste in Kürze

Ja/Nein	Si/No
Bitte/Danke	Per favore/Grazie
In Ordnung./ Einverstanden.	Va bene./ D'accordo.
Entschuldigung!	Scusi!
Wie bitte?	Come dice?
Ich verstehe Sie nicht.	Non La capisco.
Ich spreche nur wenig Italienisch.	Parlo solo un po' d'italiano.
Können Sie mir bitte helfen?	Mi può aiutare, per favore?
Das gefällt mir (nicht).	(Non) Mi piace.
Ich möchte …	Vorrei …
Haben Sie …?	Ha …?
Wie viel kostet …?/ Wie teuer ist …?	Quanto costa …?
Kann ich mit Kreditkarte bezahlen?	Posso pagare con la carta di credito?
Wie viel Uhr ist es?	Che ore sono?/ Che ora è?
Guten Morgen!/ Guten Tag!	Buon giorno!
Guten Abend!	Buona sera!
Gute Nacht!	Buona notte!
Hallo!/Grüß dich!	Ciao!
Wie ist Ihr Name, bitte?	Come si chiama, per favore?
Mein Name ist …	Mi chiamo …
Wie geht es Ihnen?	Come sta?
Auf Wiedersehen!	Arrivederci!
Tschüs!	Ciao!
Bis bald!	A presto!
Bis morgen!	A domani!
gestern/heute/morgen	ieri/oggi/domani
am Vormittag/ am Nachmittag	la mattina/ al pomeriggio
am Abend/in der Nacht	la sera/la notte
um 1 Uhr/um 2 Uhr …	all' una/alle due…
um Viertel vor (nach) …	alle… meno un quarto (e un quarto)
um … Uhr 30	alle … e trenta
Minute(n)/Stunde(n)	minuto(-i)/ora(-e)
Tag(e)/Woche(n)	giorno(-i)/settimana(-e)
Monat(e)/Jahr(e)	mese(-i)/anno(-i)

Wochentage

Montag	lunedì
Dienstag	martedì
Mittwoch	mercoledì
Donnerstag	giovedì
Freitag	venerdì
Samstag	sabato
Sonntag	domenica

Zahlen

0	zero	19	diciannove
1	uno	20	venti
2	due	21	ventuno
3	tre	22	ventidue
4	quattro	30	trenta
5	cinque	40	quaranta
6	sei	50	cinquanta
7	sette	60	sessanta
8	otto	70	settanta
9	nove	80	ottanta
10	dieci	90	novanta
11	undici	100	cento
12	dodici	200	duecento
13	tredici	1000	mille
14	quattordici	2000	duemila
15	quindici	10 000	diecimila
16	sedici	1 000 000	un millione
17	diciassette	1/2	mezzo
18	diciotto	1/4	un quarto

Monate

Januar	gennaio
Februar	febbraio
März	marzo
April	aprile
Mai	maggio
Juni	giugno
Juli	luglio
August	agosto
September	settembre
Oktober	ottobre
November	novembre
Dezember	dicembre

Maße

Kilometer	chilometro(-i)
Meter	metro(-i)
Zentimeter	centimetro(-i)
Kilogramm	chilo(-i)
Pfund	mezzo chilo
100 Gramm	etto(-i)
Liter	litro(-i)

Unterwegs

Nord/Süd/West/Ost	nord/sud/ovest/est
oben/unten	sopra/sotto
geöffnet/geschlossen	aperto/chiuso
geradeaus/links/	diritto/sinistra/
rechts/zurück	destra/indietro
nah/weit	vicino/lontano
Wie weit ist es bis…?	A che distanza si
	trova…?
Wo sind die Toiletten?	Dove sono le toilette?
Wo ist die (der)	Dove si trova nelle
nächste…	vicinanze…
Telefonzelle/	una cabina
	telefonica/
Bank/	una banca/
Geldautomat/	un bancomat/
Post/	una posta/
Polizei?	la polizia?
Bitte, wo ist…	Scusi, dov'è…
der Busbahnhof	la stazione autolinee
der Hauptbahnhof/	la stazione centrale/
der Flughafen?	l'aeroporto?
Wo finde ich…	Dove si trova…
eine Bäckerei/	un panificio/
Fotoartikel/	gli articoli
	fotografici
ein Kaufhaus/	un grande
	magazzino/
ein Lebensmittel-	un negozio
geschäft/	di alimentari/
den Markt?	il mercato?
Ist das der Weg/	È questa la
die Straße nach …?	strada per ….?
Ich möchte mit…	Vorrei andare…
dem Zug/	col treno/
dem Schiff/	colla nave/
der Fähre/	col traghetto/
dem Flugzeug	col aereo
nach … fahren.	a…
Gilt dieser Preis für	È la tariffa di
Hin- und Rückfahrt?	andata e ritorno?
Wie lange gilt das	Fino a quando è
Ticket?	valido il biglietto?
Wo ist das Fremden-	Dov'è l'Ufficio per
verkehrsamt/	il turismo/
das Reisebüro?	un'agenzia viaggi?
Ich suche eine	Cerco un
Hotelunterkunft.	albergo.
Wo kann ich mein	Dove posso deposi-
Gepäck lassen?	tare i miei bagagli?
Ich habe meinen	Ho perso la mia
Koffer verloren.	valigia.
Ich möchte eine	Vorrei fare una
Anzeige erstatten.	denuncia.
Man hat mir…	Mi hanno rubato…

Geld/	i soldi/
die Tasche/	la borsa/
die Papiere/	i documenti/
die Schlüssel/	le chiavi/
den Fotoapparat/	la macchina
	fotografica/
den Koffer/	la valigia/
das Auto/	la macchina/
das Fahrrad gestohlen.	la bicicletta.

Freizeit

Ich möchte ein (en)…	Vorrei noleggiare…
Fahrrad/	una bicicletta/
Motorrad/	un moto/
Surfbrett/	una tavola da surf/
Mountainbike/	un mountain bike/
Boot/	una barca/
Pferd mieten.	un cavallo.
Gibt es ein(en)…	Dove si trova
	nelle vicinanze…
Freizeitpark/	un parco di
	divertimento/
Freibad/	una piscina pubblica/
Golfplatz/	un campo di golf/
Strand in der Nähe?	una spiaggia?
Wann hat…	Quando è aperto
geöffnet?	(aperta)…?

Bank, Post, Telefon

Brauchen Sie meinen	Volete i miei
Ausweis?	documenti?
Wo soll ich	Dove debbo
unterschreiben?	firmare?
Ich möchte eine Telefon-	Vorrei un collegamen-
verbindung nach…	to telefonico con…
Wie lautet die Vorwahl	Qual è il prefisso
für …?	per…?

Hinweise zur Aussprache

c, cc	vor ›e‹ und ›i‹ wie ›tsch‹, Bsp.: ciao; sonst wie ›k‹, Bsp.: come
ch, cch	wie ›k‹, Bsp.: che, chilo
g, gg	vor ›e‹ und ›i‹ wie ›dsch‹, Bsp.: gente; sonst wie ›g‹, Bsp.: gola
gli	wie ›Lilie‹, Bsp.: figlio
gn	wie ›Cognac‹, Bsp.: bagno
sc	vor ›e‹ und ›i‹ wie ›sch‹, Bsp.: scio- pero; sonst wie ›sk‹, Bsp.: scala
sch	wie ›sk‹, Bsp.: Ischia
sci	vor ›a,o,u‹ wie ›sch‹, Bsp.: lasciare
z	wie ›ds‹, Bsp.: zuppa

Wo gibt es …	*Dove trovo …*
Telefonkarten/	*le schede*
	telefoniche/
Briefmarken?	*i francobolli?*

Tankstelle

Wo ist die nächste	*Dov'è la stazione di*
Tankstelle?	*servizio più vicina?*
Ich möchte … Liter …	*Vorrei … litri … di*
Super/	*super/*
Diesel/	*diesel/*
bleifrei.	*senza piombo.*
Volltanken,	*Faccia il pieno,*
bitte.	*per favore.*
Bitte prüfen Sie …	*Verifichi per favore …*
den Reifendruck /	*la pressione delle*
	ruote/
den Ölstand/	*il livello dell'olio/*
den Wasserstand/	*il livello dell'acqua/*
das Wasser für die	*l'acqua per*
Scheibenwisch-	*il tergicristallo/*
anlage/	
die Batterie.	*la batteria.*
Würden Sie bitte …	*Per favore, mi può …*
den Ölwechsel vor-	*cambiare l'olio/*
nehmen/	
den Radwechsel vor-	*cambiare la ruota/*
nehmen/	
die Sicherung aus-	*sostituire il fusibile/*
tauschen/	
die Zündkerzen	*sostituire le*
erneuern/	*candele/*
die Zündung nach-	*regolare l'accen-*
stellen.	*sione.*

Panne

Ich habe eine Panne.	*Ho un guasto.*
Der Motor startet	*La macchina*
nicht.	*non parte.*
Ich habe die Schlüssel	*Ho le chiavi*
im Wagen gelassen.	*in macchina.*
Ich habe kein Benzin/	*Non ho più benzina/*
Diesel.	*diesel.*
Gibt es hier in der Nähe	*C'è un'officina*
eine Werkstatt?	*qui vicino?*
Können Sie mein Auto	*Può effettuare*
abschleppen?	*il traino?*
Können Sie mir	*Mi potrebbe*
einen	*mandare*
Abschleppwagen	*un carro attrezzi?*
schicken?	
Können Sie den	*Può riparare*
Wagen reparieren?	*la mia macchina?*
Bis wann?	*Quando sarà*
	pronta?

Mietwagen

Ich möchte ein	*Vorrei noleggiare*
Auto mieten.	*una macchina*
Was kostet die Miete …	*Quanto costa il*
	noleggio…
pro Tag/	*al giorno/*
pro Woche/	*alla settimana/*
mit unbegrenzter	*senza limite*
km-Zahl/	*chilometraggio/*
mit Kasko-	*con assicurazione*
versicherung/	*›kasko‹/*
mit Kaution?	*con cauzione?*
Wo kann ich den	*Dove posso restituire*
Wagen zurückgeben?	*la macchina?*

Unfall

Hilfe!	*Aiuto!*
Achtung!/Vorsicht!	*Attenzione!*
Rufen Sie bitte	*Per favore, chiami*
schnell …	*subito …*
einen Krankenwagen /	*un'ambulanza/*
die Polizei/	*la polizia/*
die Feuerwehr.	*i vigili del fuoco.*
Es war (nicht)	*(Non) È stata*
meine Schuld.	*colpa mia.*
Geben Sie mir bitte	*Mi dia il*
Ihren Namen und	*suo nome ed*
Ihre Adresse.	*indirizzo, per favore.*
Ich brauche die	*Mi dia i particolari*
Angaben zu Ihrer	*della sua*
Autoversicherung.	*assicurazione auto.*

Krankheit

Können Sie mir	*Mi può consigliare*
einen guten Deutsch	*un bravo medico/*
sprechenden Arzt/	*dentista che parla*
Zahnarzt empfehlen?	*il tedesco?*
Wann hat er	*Qual è l'orario*
Sprechstunde?	*delle visite?*
Wo ist die nächste	*Dove si trova la*
Apotheke?	*farmacia più vicina?*
Ich brauche ein Mittel	*Vorrei qualcosa*
gegen …	*contro …*
Durchfall/	*la diarrea/*
Halsschmerzen/	*mal di gola /*
Fieber/	*la febbre/*
Insektenstiche/	*le punture d'insetti/*
Kopfschmerzen/	*mal di testa/*
Verstopfung/	*la costipazione/*
Zahnschmerzen	*mal di denti.*

Hotel

Können Sie mir bitte	*Potrebbe consi-*
ein Hotel/	*gliarmi un albergo/*
eine Pension	*una pensione,*
empfehlen?	*per favore?*

Ich habe bei Ihnen ein Zimmer reserviert.	Ho prenotato una camera.
Haben Sie	Ha una camera
ein Einzel-/	singola/
Doppelzimmer …	doppia …
mit Dusche/	con doccia/
mit Bad/WC/	con bagno/toilette/
für eine Nacht/	per una notte/
für eine Woche/	per una settimana/
mit Blick aufs Meer?	con vista sul mare?
Was kostet das Zimmer …	Quanto costa la camera …
mit Frühstück/	con prima colazione/
mit Halbpension/	con mezza pensione/
mit Vollpension?	con pensione completa?
Wie lange gibt es Frühstück?	Fino a che ora viene servita la colazione?
Ich möchte um … Uhr geweckt werden.	Vorrei essere svegliato alle ore …
Ich reise	Vorrei partire
heute Abend/	questa sera/
morgen Früh ab.	domani mattina.
Haben Sie ein Faxgerät/ einen Hotelsafe?	Ha un fax/una cassetta di sicurezza?
Kann ich mit Kreditkarte zahlen?	Posso pagare con la carta di credito?

Restaurant

Ich suche ein gutes/günstiges Restaurant?	Cerco un buon ristorante/ un ristorante non troppo caro.
Die Speisekarte/ Getränkekarte, bitte.	Vorrei la carta/ la lista delle bevande, per favore.
Welches Gericht können Sie besonders empfehlen?	Quale piatto mi può consigliare?
Ich möchte das Tagesgericht/Menü (zu …).	Vorrei il piatto del giorno/menù (da …).
Ich möchte nur eine Kleinigkeit essen.	Vorrei uno spuntino.
Haben Sie …	Ha dei …
vegetarische Gerichte/	piatti vegetariani/
offenen Wein/	vini della casa/
alkoholfreie Getränke?	analcolici?
Kann ich bitte …	Vorrei avere …
ein Messer/	un coltello/
eine Gabel/	una forchetta/
einen Löffel haben?	un cucchiaio?
Darf man rauchen?	Si può fumare?
Die Rechnung/ Bezahlen, bitte!	Vorrei il conto, per favore!

Essen und Trinken

Abendessen	cena
Apfel	mela
Auberginen	melanzane
Bier	birra
Brot/Brötchen	pane/panino
Butter	burro
Ei	uova
Erdbeeren	fragole
Espresso (mit Milch)	caffè (macchiato)
Essig	aceto
Feigen	fichi
Fisch	pesce
Flasche	bottiglia
Fleisch	carne
Fruchtsaft	succo di frutta
Frühstück	prima colazione
gegrillt	ai ferri/alla griglia
Gemüse	verdura
Glas	bicchiere
Huhn	pollo
Kalbfleisch	vitello
Kalbshaxenscheibe	ossobuco
Kartoffeln	patate
Käse	formaggio
Knoblauch	aglio
Lamm	agnello
Maisbrei	polenta
Milchkaffee	caffelatte
Mineralwasser (mit/ ohne Kohlensäure)	acqua minerale (con/senza gas)
Mittagessen	pranzo
Nachspeise	dolce
Öl	olio
Obst	frutta
Orange	arancia
Parmesankäse	parmigiano
Pfeffer	pepe
Pfirsich	pesca
Pilze	funghi
Salat	insalata
Salz	sale
Schinken	prosciutto
Schweinefleisch	maiale
Spinat	spinaci
Suppe	minestra/zuppa
Tee	té
Thunfisch	tonno
Tomaten	pomodori
Vorspeisen	antipasti
Wein	vino …
Weiß/	bianco/
Rot/	rosso/
Rosé-Wein	rosato
Weintrauben	uva
Zucker	zucchero

Register

Bildnachweis

Peter H. Amann, München: 32 unten, 44, 45 oben, 52 (2), 64, 99 unten, 114 – *Franz Marc Frei, München*: 9 unten, 112 unten, 119, 120, 121 oben – *Udo Haafke, Ratingen*: 30 Mitte links, 128 Mitte links – *Rainer Hackenberg, Köln*: 4, 9 Mitte, 10 Mitte, 21, 23, 29, 30 Mitte rechts und unten, 48, 49, 53, 58, 68, 77 unten, 78, 81, 83 oben, 85, 87, 89 (2), 91, 92, 93 (2), 94 oben, 99 oben, 103, 116 – *Herbert Hartmann, München:* 6, 7 oben, 9 oben, 19, 24 (2), 28 oben, 30 oben, 31, 32/33, 34, 35, 36, 37 (2), 38, 50/51, 84 oben, 100, 102, 112 oben, 117 (2), 123, 125, 127, 128 unten rechts – *laif, Köln (Hedda Eid)*: 11 oben, 27, 41, 42, 45 unten, 59 oben, 65, 69, 71, 75 oben, 76/77, 86 oben, 128 Mitte rechts – *Knut Liese, Ottobrunn*: 8 unten, 10 oben, 11 unten, 16/17, 25, 26 oben, 40 oben, 51 unten, 56/57, 60, 66 (2), 68, 72, 73, 74, 75 unten, 82 unten, 88, 94 unten, 98, 101, 106/107 unten, 109, 113, 126 – *LOOK, München*: 6/7 (Jan Greune), 106/107 oben (Max Galli) – *Mauritius, Mittenwald:* 104 oben (Mehlig) – *Gino Russo, Savona:* 26 unten – *Peter Santor, Karlsruhe*: 82 oben, 84 unten, 118, 128 unten links – *Süddeutscher Verlag/Bilderdienst, München*: 12, 13, 14, 15 (2), 20 – *Martin Thomas, Aachen:* 10 unten, 22, 40 unten, 43, 46, 47, 54, 59 unten, 83 unten, 86 unten, 97, 104 unten, 111 (2), 122, 124, 128 oben

In der ADAC-Reiseführer-Reihe sind erschienen:

Ägypten
Algarve
Amsterdam
Andalusien
Australien
Bali und Lombok
Barcelona
Berlin
Bodensee
Brandenburg
Brasilien
Bretagne
Budapest
Burgund
Costa Brava und
   Costa Daurada
Côte d'Azur
Dalmatien
Dänemark
Deutschland,
   City Guide
Dominikanische Republik
Dresden
Elsass
Emilia Romagna
Florenz
Florida
Französische
   Atlantikküste
Fuerteventura
Gardasee
Golf von Neapel
Gran Canaria
Hamburg
Hongkong und Macau
Ibiza und Formentera
Irland
Israel
Istrien und Kvarner Golf
Italienische Adria
Italienische Riviera
Jamaika
Kalifornien
Kanada – Der Osten
Kanada – Der Westen
Karibik
Kenia
Kreta
Kuba
Kykladen
Lanzarote
London
Madeira
Mallorca

Malta
Marokko
Mauritius
   und Rodrigues
Mecklenburg-
   Vorpommern
Mexiko
München
Neuengland
Neuseeland
New York
Niederlande
Norwegen
Oberbayern
Österreich
Paris
Peloponnes
Piemont, Lombardei,
   Valle d'Aosta
Portugal
Prag
Provence
Rhodos
Rom
Rügen, Hiddensee,
   Stralsund
Salzburg
Sardinien
Schleswig-Holstein
Schottland
Schwarzwald
Schweden
Schweiz
Sizilien
Spanien
St. Petersburg
Südafrika
Südengland
Südtirol
Teneriffa
Tessin
Thailand
Toskana
Tunesien
Türkei-Südküste
Türkei-Westküste
Umbrien
Ungarn
USA-Südstaaten
USA-Südwest
Venedig
Venetien und Friaul
Wien
Zypern

Weitere Titel in Vorbereitung

Impressum

Umschlag-Vorderseite: Das Teatro Greco in Taormina mit Blick auf den Ätna
Foto: Max Galli / LOOK, München

Titelseite: Trinacria: Sizilien-Symbol mit dem Haupt der Medusa
Foto: Martin Thomas, Aachen

Abbildungen: siehe Bildnachweis S. 142

Lektorat und Aktualisierung: Dagmar Walden
Bildredaktion: Kirsten Winkler
Gestaltung, Satz und Layout:
Norbert Dinkel, München
Karten: Computerkartographie Carrle, München
Reproduktion: eurocrom 4, Villorba/Italien
Satz: Setzerei Vornehm, München
Druck, Bindung: Ebner & Spiegel, Ulm

Printed in Germany

ISBN 3-87003-762-8

Gedruckt auf chlorfrei gebleichtem Papier

5., neu bearbeitete Auflage 2003
© ADAC Verlag GmbH, München

Redaktion ADAC-Reiseführer:
ADAC Verlag GmbH, 81365 München,
E-Mail: verlag@adac.de